VITO PALO NETO
Advogado.

CONCEITO JURÍDICO E COMBATE AO TRABALHO ESCRAVO CONTEMPORÂNEO

EDITORA LTr
SÃO PAULO

Dados Internacionais de Catalogação na Publicação (CIP)
(Câmara Brasileira do Livro, SP, Brasil)

Palo Neto, Vito
Conceito jurídico e combate ao trabalho escravo contemporâneo / Vito Palo Neto. — São Paulo : LTr, 2008.

Bibliografia.
ISBN 978-85-361-1019-6

1. Trabalho escravo 2. Trabalho escravo — Brasil I. Título

07-3166 CDU-34:331-058.214

Índices para catálogo sistemático:

1. Trabalho escravo : Combate : Direito do trabalho 34:331-058.214
2. Trabalho escravo : Conceito jurídico : Direito do trabalho 34:331-058.214

Produção Gráfica e Editoração Eletrônica: **Peter Fritz Strotbek**
Capa: **Fabio Giglio**
Impressão: **HR Gráfica e Editora**

EDITORA LTDA.

Rua Apa, 165 – CEP 01201-904 – Fone (11) 3826-2788 – Fax (11) 3826-9180
São Paulo, SP – Brasil – www.ltr.com.br

LTr 3446.5 **Maio, 2008**

AGRADECIMENTOS

Gostaria de agradecer a todos aqueles que me ajudaram a elaborar esta pesquisa, e em especial:

- ✓ *aos meus colegas de aula e amigos* Aldo José Fossa de Sousa Lima, Lauro Joppert Swensson Júnior *e* Sérgio Gerim, *pelos debates, idéias e suporte para a confecção do trabalho;*
- ✓ *à minha esposa,* Cláudia Maschietto Talli Palo, *pelo carinho, incentivo e constante apoio;*
- ✓ *à professora* Mirta Gladys Lerena Manzo Misailidis *pelo apoio intelectual seja por meio das aulas como pelas sugestões acerca do tema;*
- ✓ *à professora* Dorothee Susanne Rüdiger, *pelas horas de orientações, pelo apoio material e intelectual, e acima de tudo pela amizade e compreensão.*

Sem vocês, não teria sido possível a realização deste trabalho.

SUMÁRIO

A miséria é de quem a sofre;
a responsabilidade, porém, cabe a todos nós.

Florestan Fernandes

Capítulo 1

INTRODUÇÃO

A exploração do homem na forma de escravidão ainda existe nos dias de hoje. Podemos facilmente constatar tal fato por meio das notícias veiculadas pela imprensa e pelos relatórios dos diversos organismos de direitos humanos e sociais.[1]

A Organização das Nações Unidas trabalha, atualmente, com a hipótese de que haja, no mundo, 200 milhões de escravos.[2] *Kevin Bales* (2001) em vários estudos realizados sobre o tema, estima a existência de 27 milhões de trabalhadores em regime de escravidão no mundo. Já a Organização Internacional do Trabalho (2005), no relatório global publicado em 2005, aponta a existência de 12,3 milhões de pessoas vivendo sob regime de trabalhos forçados. O Brasil não escapa a essa estatística, na qual, segundo dados da Comissão Pastoral da Terra, ainda existem 25 mil pessoas trabalhando em condições análogas às do escravo.

Embora, à primeira vista, possamos encontrar uma grande discrepância numérica, que poderia provocar discussões sobre a dimensão do problema, entendemos que essa divergência quanto aos dados se deve ao critério adotado para definir a escravidão, bem como a metodologia utilizada pelo pesquisador.

---

(1) Relatórios da Organização Internacional do Trabalho, Organização das Nações Unidas, Antyslavery, Human Rights Watch, no âmbito internacional e no Brasil órgãos do Estado como Ministério Público Federal, Ministério Público do Trabalho, Ministério do Trabalho, Polícia Federal, a igreja representada pela Comissão Pastoral da Terra, e demais instituições como o movimento sindical representado pela CUT e de demais instituições privadas como a ONG Repórter Brasil e outros.

(2) Revista Ciência Hoje, v. 28, n. 168, entrevista com José de Souza Martins p. 3. Explica que considera escravo quem foi privado de sua liberdade de ir e vir e, não raro, foi transformado em equivalente de mercadoria, pois tem um preço. Nestes casos estariam, ainda incluído o trabalho infantil cuja estimativa é de cerca de 179 milhões de crianças.

Observa-se que, não obstante a quantidade de denúncias veiculadas nos diversos meios de comunicação, há pessoas que não acreditam que nos dias de hoje ainda exista trabalho escravo(3) e um dos motivos das dúvidas pode ser atribuído à falta de clareza da lei que trata do tema(4). Embora haja uma série de tratados e convenções sobre o tema(5), ainda há dúvidas quanto ao enquadramento jurídico. A própria imprensa, ao veicular as informações e descrever os fatos relacionados a esse tipo de exploração do homem, acaba, também, contribuindo com esse quadro de dúvida sobre a caracterização da escravidão. Só no Brasil, por exemplo, de 1972 a 2002, foram utilizadas mais de 20 categorias diferentes para classificar o tipo de trabalho sob coerção (FIGUEIRA, 2004), podendo destacar entre as mais comuns: escravidão branca, análogo a escravo, escravidão contemporânea, trabalho forçado, servidão, etc.

Essa diversidade de caracterizações dificulta a compreensão do fenômeno da exploração do homem, bem como o seu enquadramento jurídico.

Apenas para demonstrar a relevância desta discussão, destacamos a notícia publicada na imprensa (MADUEÑO, 2006) em 9 de fevereiro de 2006 sobre a condenação do deputado Inocêncio Oliveira por manter trabalhadores em condição análoga à de escravo. Em sua defesa, o deputado afirma que a decisão do Tribunal Regional do Trabalho do Maranhão reconheceu a "inexistência de trabalho escravo ao transformar o motivo de sua condenação em primeira instância para trabalho degradante" e conforme suas palavras transcritas pelo jornal: "a alteração da decisão feita pelo

---

(3) O Jornal do Brasil publicou em 19.04.2005 um artigo com o título "D. Balduíno critica José Alencar" onde descreve a crítica feita por D. Tomás Balduíno, presidente nacional da Comissão Pastoral da Terra – CPT, no caderno Conflitos no Campo da CPT, ao Vice-Presidente José Alencar, pelas declarações feitas durante congresso sobre agronegócio onde o representante do Poder Executivo nega a existência de trabalho escravo no Brasil, alegando que se trata, na verdade, de "trabalho degradante", pois "escravo é quem não tem liberdade e tem dono".

(4) Até a Lei n. 10.803 de 11.12.2003, o art. 149 do Código Penal previa como crime contra a liberdade individual a redução a pessoa à condição análoga à escravo, mas não apresentava elementos para interpretar o que seria essa condição análoga.

(5) Sobre a questão da escravidão podemos apontar o Tratado da Sociedade das Nações de 1926 e as Convenções n. 29 e 105 da OIT que se encontra no anexo e serão tratadas mais adiante.

TRT contraria a legislação porque essa classificação é 'figura inexistente no ordenamento jurídico trabalhista'" (MADUEÑO, 2006, p. A12).

Partimos da hipótese que não há um consenso em relação ao que possa ser considerado trabalho escravo nos dias de hoje e essa dúvida acaba por agravar o quadro, pois contribui para a impunidade. A maior dificuldade que depara ao buscar uma definição do trabalho escravo está relacionada à diversidade de situações encontradas. *José de Souza Martins*[6] alerta que é necessário ir além da busca de um conceito, deve ser feito um estudo aprofundado do problema, além do necessário rigor na investigação e na interpretação. Para o referido sociólogo, é inútil fazer uma espécie de receita para definir trabalho escravo com a finalidade de simplificar a tarefa daqueles que precisam lidar com o problema, pois a dinâmica social não seria alcançada por um conceito, tornando esse expediente provisório e ineficaz para uma solução adequada (MARTINS, 1999).

Concordamos com a preocupação de não reduzir todo o problema da escravidão contemporânea a um conceito apenas, por essa razão procuramos resgatar alguns elementos históricos para confrontar com a realidade atual e, entendendo melhor a situação, possamos caminhar para uma solução jurídica mais adequada. Assim, não se poderia, por exemplo, afirmar que todos os casos em que o trabalhador não recebe seu salário sejam casos de escravidão. Deve ser analisada uma série de fatores relacionados aos direitos fundamentais do trabalhador e do ser humano.

Observa-se que a própria nomenclatura utilizada pela Organização Internacional do Trabalho, ao tratar da exploração do trabalho humano, faz referência a trabalhos forçados[7] e não à escravidão. Todavia, essa expressão, muitas vezes, induz as pessoas a associarem ao tipo de trabalho imposto em regimes totalitários

---

(6) José de Souza Martins é professor, foi Assessor Especial do Governo Federal e ex-membro da Junta de Curadores do Fundo Voluntário da ONU contra as Formas Contemporâneas de Escravidão.

(7) Convenções ns. 29 e 105, da Organização Internacional do Trabalho.

nos quais foram criados campos de concentração como na Alemanha nazista, na União Soviética no período de Stalin. Por sua vez, as expressões como escravidão contemporânea, trabalho escravo, ou análogo são utilizadas para designarem situações precárias de trabalhos degradantes, insalubres, com baixos salários, o que não corresponde com a definição que estamos estudando.

Mas qual seria, então, essa definição legal? Há diferenças entre as diversas formas utilizadas? E o que tem sido feito para lidar com esse problema? Bem, essas são perguntas cujas respostas serão buscadas ao longo desta obra.

Iniciaremos esse trabalho com o estudo de alguns antecedentes históricos para compreendermos melhor o momento atual. Todavia, é importante fazer a ressalva que embora não tenhamos a pretensão de fazer um levantamento histórico(8) detalhado sobre a escravidão, até porque não seria compatível com essa dissertação, faremos uma breve apreciação das diversas formas de exploração do homem ocorridas desde a Antigüidade, em especial a escravidão por dívida que havia na Grécia e na Roma antigas, na Europa medieval com o regime feudal, na colonização da América e nos dias de hoje. Esse estudo se justifica na medida em que algumas formas de exploração do homem que já existiam na Antigüidade ainda persistem nos dias de hoje e devem ser entendidas para buscar uma solução adequada. As dificuldades encontradas no estudo da escravidão na Antigüidade são decorrentes da imprecisão das informações que são buscadas a partir da reconstituição das peças arqueológicas e dos primeiros documentos escritos. Outra dificuldade encontrada ao estudar a escravidão relacionada à sociedade de cada período, com suas variações de formas apresentadas a cada momento, bem como o seu tratamento jurídico, é acrescida pela possibilidade de desvincular-se o estudo feito do ponto de vista atual.

(8) Historicamente, há relatos de prática da escravidão em quase todas as partes do mundo. Podemos encontrá-la desde as primeiras civilizações da Mesopotâmia e Egito até os dias de hoje, ressalvando, é claro, suas peculiaridades. Philipps D. William Jr. La esclavitud desde la época romana hasta los inicios del comercio transatlântico. p. 4.

Destarte, buscar-se-á explicitar as características da exploração do homem sob a forma de escravidão ou situações análogas em alguns momentos da história, bem como o tratamento jurídico dessa questão, de forma a facilitar a compreensão desse fato que ainda ocorre nos dias atuais. Contudo, em termos históricos, delimitaremos o estudo da situação do escravo no Ocidente. Assim, embora haja indícios de escravidão em tempos remotos no continente africano e no oriente em geral, iremos nos ater à análise da escravidão a partir da civilização greco-romana, visto que já naquele período guardava algumas semelhanças com a exploração encontrada nos dias atuais, *e.g.*, a escravidão por dívidas. Da mesma forma, será apreciada a forma de exploração ocorrida na Europa Medieval e na América, durante o período colonial (séculos 16 a 19) até chegarmos à situação encontrada no início do século 21.

Passaremos, então, ao estudo do panorama encontrado no Brasil, na atualidade, apresentando a quantidade de denúncias e seus antecedentes, as áreas mais comuns de incidência e as regiões de origem dos trabalhadores. Veremos também como a pessoa se torna escrava e as ações realizadas para modificar essa situação. No entanto, ao tratarmos das formas de escravidão atualmente encontrada no Brasil, embora tenhamos conhecimento de casos de exploração de trabalhadores urbanos — como os imigrantes bolivianos explorados por confecções dirigidas por coreanos na cidade de São Paulo — iremos nos restringir à situação que ocorre na zona rural, por se tratar da forma mais antiga e mais comum de exploração do trabalhador.

Verificaremos, também, a legislação brasileira pertinente ao tema, algumas decisões dos tribunais e uma definição possível para identificar o problema e buscar soluções. Por fim, indicaremos algumas das ações conjuntas realizadas para o combate ao trabalho escravo, no âmbito interno e internacional.

Capítulo 2

ORIGENS E DESENVOLVIMENTO DA ESCRAVIDÃO

Ao se fazer um estudo sobre a origem da escravidão, alguns historiadores concluíram que as "mulheres e as crianças foram as primeiras 'a servir aos homens na produção dos meios de subsistência e abrigo', mas, com o surgimento do pastoralismo (nomadismo), era necessário um suprimento maior de mão-de-obra" (FINLEY, 1991). Tratava-se de uma divisão do trabalho primitivo considerando as aptidões de cada membro, cabendo aos homens a proteção do grupo familiar e a caça, e às mulheres, a preparação dos alimentos e o cuidado da prole. Observa-se que a divisão do trabalho, desde seu princípio, foi estabelecida em uma relação de aptidão e força. Primeiro ateve-se a mulheres e crianças que eram fisicamente mais frágeis e, *a posteriori*, o emprego de cativos no âmbito doméstico, na unidade produtiva familiar.

Nesse primeiro momento, quando havia algum conflito entre os diversos grupos, era comum que os inimigos fossem mortos ou, simplesmente, libertados, pois permanecer com um escravo significava ter mais um indivíduo com quem dividir os alimentos (DONKIN, 2003).

As pesquisas arqueológicas indicam que a escravidão, como exploração do homem fora do ambiente familiar, surgiu na sociedade no período final do Neolítico e início da Idade dos Metais, por volta de 6.000 a.C., coincidindo com a descoberta da agricultura, quando os homens passaram de nômades a sedentários (BELISÁRIO, 2005). Esse fato é conhecido como revolução agrícola (DONKIN, 2003) e ocorreu no Oriente Médio, na região denominada de "Crescente Fértil" (MAESTRI FILHO, 1986). Em decorrência da prática da agricultura, os homens logo perceberam que era mais interessante poupar a vida dos inimigos e obrigá-los a trabalhar em seu proveito (DONKIN, 2003).

As migrações em direção à região em que se encontra a Europa provocou alguns conflitos que levaram à escravização dos vencidos. Vamos iniciar o estudo dessa fase da história na Grécia e em Roma e faremos um breve relato das modificações ao longo do tempo.

2.1. Escravidão na Antigüidade Grega

A análise da civilização grega é feita com base em pesquisas arqueológicas e em fragmentos de documentos encontrados. A escassez de documentos nos leva a traçar apenas suposições do que realmente ocorreu na Antigüidade e, como já foi explicado, este trabalho não tem a pretensão de aprofundar os conhecimentos no que se refere à civilização grega, mas apenas traçar um paralelo entre a escravidão antiga e as formas encontradas nos dias de hoje.

Os historiadores(1) descrevem, com base nessas pesquisas, que a civilização Grega se iniciou em 2.000 a.C., com a chegada dos povos indo-europeus ou arianos (ARRUDA; PILETTI, 1997) na atual região dos Bálcãs. Esse primeiro período caracterizado pelo povoamento e pelas invasões é conhecido como pré-Homérico.

Assim, conforme descrição de *José Jobson Arruda* e *Nelson Piletti*, a formação da civilização grega inicia-se com a chegada na Região dos Bálcãs dos *aqueus*, povos nômades vindos do oriente que ocuparam as melhores terras e tornaram-se sedentários. Esses povos, com os *pelágios*, que já se encontravam na região, formaram núcleos urbanos, como Micenas, que, ao se

(1) Como não se trata de um trabalho histórico, a descrição da Antigüidade foi extraída da obra de vários pesquisadores: Mário Maestri, Gustave Grotz, Jose Antonio Saco, entre outros incluídos nas referências.

encontrarem com a civilização avançada de Creta, integraram-se e desenvolveram a civilização creto-micênica (ARRUDA; PILETTI, 1997). Por volta de 1700 a.C., chegaram os *jônios* e os *eólios*, que se incorporaram pacificamente aos habitantes já presentes na Grécia, possibilitando aquela civilização de chegar ao seu auge.

Com a chegada dos *dórios* (último grupo ariano a se fixar na Grécia), iniciou-se uma nova fase da história grega. Esse povo guerreiro obrigou a população que já se encontrava assentada na região a fugir para não serem massacrados ou escravizados. Esse episódio foi denominado como a "primeira Diáspora Grega" (ARRUDA; PILETTI, 1997, p. 37). A vida urbana, nesse período, praticamente desapareceu, e a população passou a se organizar de forma mais primitiva, em pequenas comunidades onde a base era a família, ou *genos* (ARRUDA; PILETTI, 1997). Alguns historiadores chamam essa fase de "Idade Média Grega" (ARRUDA; PILETTI, 1997, p. 37), devido à relativa retração política e cultural.

Esse sistema familiar intensificou-se após o século 12 a.C. e foi, posteriormente, descrito nas obras *Ilíada* e *Odisséia*, atribuídas a Homero(2), o que levou os historiadores a denominarem tal fase como "Período Homérico".

Por força dessa organização, a sociedade assume um caráter patriarcal. Cada membro dependia dessa unidade da família (genos) que era auto-suficiente (GLOTZ, 1973). Fustel de Coulanges (2005), ao analisar as várias cidades da Grécia e Roma, conclui que a *"gens"*, ou *"genos"*, era uma instituição universal entre os povos antigos e ainda descreve:

Se o membro da gens não tinha o direito de citar outro membro da mesma gens perante a justiça da cidade, é porque se ministrava justiça na própria gens. Cada homem tinha, com efeito, o seu chefe que era, ao mesmo tempo seu juiz, seu sacerdote e seu comandante militar (COULANGES, 2005, p. 113).

---

(2) Apesar de atribuídas a Homero, Ilíada e Odisséia são distintas tanto no vocabulário quanto no estilo. Estima-se que as obras foram criadas com intervalo de cinqüenta anos, sendo Ilíada no final do século IX a.C e a Odisséia no século VIII a.C.

A autonomia do *pater familias* era tão respeitada que o Estado não poderia punir, por exemplo, o escravo que cometesse um delito. Cabia ao senhor aplicar o castigo e, caso o delito houvesse atingido terceiro, o próprio senhor responderia perante o Estado (COULANGES, 2005). Dentro dessa estrutura familiar, quem ditava as regras era o *pater-familias*, que passava o poder ao filho mais velho.

Havia os que trabalhavam para o público e não somente para a família, que na sociedade homérica eram denominados *"demiurgos"*. (GLOTZ, 1973, p. 41). Esse termo era aplicado a quem colocava sua atividade a serviço do público (*demos*), e em algumas cidades-estado, aos magistrados. Os demiurgos eram homens livres e exerciam trabalhos qualificados, que não eram, portanto, considerados humilhantes.

Abaixo dos demiurgos, formou-se uma humilde classe de trabalhadores que eram denominados *tetas* ou mercenários. Tratava-se de uma massa de "despossuídos" composta de homens livres que se alugavam como assalariados para conseguir sua subsistência. (GLOTZ, 1973).

Nesse período, a propriedade era coletiva e não podia ser vendida, transferida ou dividida. Assim, em caso de endividamento, o devedor garantia o débito com o próprio corpo e, caso a dívida não fosse saldada, indenizaria o credor com uma certa soma de trabalho. (GLOTZ, 1973).

Importante destacar que esse costume de saldar as dívidas com prestação de serviços mais tarde se converteu em um instituto oficial de "escravidão por dívida", pois, enquanto não se pagava o credor, no caso com o trabalho, o devedor ficava vinculado àquele.

Conforme destaca *Maestri*, no Período Homérico, de forma ainda precária, aparece a utilização de escravos para o auxílio de famílias pouco numerosas. Essa escravidão assumiu um caráter patriarcal que se caracterizava pelo comportamento do amo, muitas vezes intransigente e brutal com o cativo, que também se estendia aos seus descendentes e agregados. A esposa do patriarca constituía uma espécie de escrava privilegiada, e o escravo, considerado parte do grupo familiar, se hábil ou simpático ao senhor, podia secundá-lo em tarefas de maior responsabilidade (MAESTRI FILHO, 1986).

Com o crescimento da população, a estrutura baseada nos genos começou a se desintegrar. As famílias começaram a se dividir, bem como as propriedades. Tais divisões proporcionaram algumas distinções na concentração de bens, sendo que alguns iniciaram o acúmulo maior de bens que outros. Esse acúmulo fez com que a estrutura política também se alterasse. Iniciou-se, assim, a aristocracia grega, cujo poder resultava da posse da terra (ARRUDA; PILETTI, 1997).

Nesse momento, a estrutura da escravidão aumenta. Alguns historiadores (AUSTIN; VIDAL-NAQUET, 1972) consideram a desigualdade como fator para estimulá-la, pois ao reconhecer as diferenças, o grupo mais forte e organizado passa a dominar e explorar os demais.

2.1.1. Escravidão em Atenas

Dentre as diversas cidades-estado que se formaram na Grécia antiga, duas se destacam das demais com suas características marcantes: Esparta e Atenas.

Como já destacamos, as dificuldades em se obter informações precisas sobre esse período e o problema de se fazer comparações históricas considerando as condições socioeconômicas e jurídicas da época analisada, vamos nos ater apenas à história de Atenas que nos traz alguns elementos para compararmos com a escravidão atual.

Atenas, que foi uma das cidades-estado que se desenvolveu no mesmo período de Esparta, localizava-se em uma planície na Ática, próxima ao Mar Egeu e era resguardada por colinas, o que a protegeu da invasão de outros povos inimigos. Sua sociedade era formada pelos povos arianos: aqueus, jônios e eólios, que iniciaram sua ocupação por volta do século 10 a.C.

No século 8 a.C., a economia de Atenas era essencialmente rural. A camada social dominante era formada pelos *eupátridas*, grandes proprietários de terras férteis, cultivadas por escravos, rendeiros ou assalariados. Importante destacar que, nesse período, os escravos eram em grande parte prisioneiros de guerra ou provenientes da pirataria (GLOTZ, 1973).

Gustave Glotz descreve que a situação do escravo naquela época "não era má", ele fazia parte da família, que o recebia como uma "espécie de adoção inferior e trabalhava com os demais membros, o que possibilitava um ambiente de "afeição mútua" (GLOTZ, 1973, p. 34). Há relatos, também, de escravos que, após juntar os recursos suficientes (GLOTZ, 1973)[(3)], adquiriam outros escravos para os auxiliarem em suas tarefas.

Além desses grandes proprietários, existiam os *georgoi* (agricultores) que possuíam terras pouco férteis junto das montanhas. Em época de colheitas ruins, tomavam empréstimos com os *eupátridas*, dando a própria terra como penhor. Com essa prática, muitos perderam as propriedades, tornaram-se rendeiros e, caso tivessem empenhado o próprio corpo, tornavam-se escravos e podiam ser vendidos no exterior como forma de saldar a dívida (GLOTZ, 1973).

Nesse período, os eupátridas acumularam riquezas e poder, mas, com o desenvolvimento do comércio, uma nova classe de comerciantes e artesãos passaram a fazer oposição à oligarquia formada pelos primeiros (ARRUDA; PILETTI, 1997).

A escravidão por dívidas intensificou-se na Grécia durante o século VII a.C., principalmente em Atenas. Naquele momento, o desenvolvimento do comércio propiciou o aumento da oferta de cereais importados, que concorriam com a produção dos pequenos lavradores, os quais se viram compelidos a tomar empréstimos dos grandes proprietários rurais (eupátridas), dando

(3) As obras Ilíada e Odisséia, que foram estudadas por vários autores, entre eles Gustave Glótz, com a finalidade de reconstruir a sociedade grega daquele período, traz elementos que permitem deduzir que alguns escravos, a critério de seu senhor, recebiam um pecúlio que o permitia adquirir alguns bens, inclusive outros escravos.

como garantia as terras que possuíam ou então o próprio corpo. Caso não solvessem a dívida, perdiam as terras, se a garantia fosse fundiária, ou, então, a liberdade, se tivessem empenhado o corpo (ARRUDA; PILETTI, 1997).

Sólon, legislador de Atenas que viveu entre os anos de 638 e 558 a C., proibiu taxativamente a escravidão por dívida, costume que vinha desde a Mesopotâmia, por meio do decreto *"seisachtéia"* (ARRUDA; PILETTI, 1997). Perdoou, também, as dívidas existentes e regulamentou a cobrança de juros. Com isso, amenizou uma insatisfação que seria perigosa para a unidade do seu povo (PEDROSA, 2002). No entanto, ao acabar com esse tipo de escravidão, houve um incremento do tráfico de escravos, pois ainda havia uma grande demanda de mão-de-obra que não poderia prescindir do cativo (ANDERSON, 1989).

Esse é um aspecto particular da escravidão antiga que pode ser comparado à situação atual de escravidão por dívida. A diferença que nos dias de hoje essa prática já foi abolida, portanto, essa situação ocorre na clandestinidade. Além do mais, não há uma venda formal do trabalhador, mas uma coerção provocada por uma dívida, na maioria das vezes ilegítima.

Assim, podemos verificar que a escravidão se tornou um sistema fundamental para o desenvolvimento da Grécia na Antigüidade, tendo como característica inicial a redução dos povos conquistados à condição de escravos e, posteriormente, de uma forma mais sofisticada, a escravidão por dívida.

2.2. Escravidão na Roma Antiga

A história de Roma é envolvida em lendas e para a nossa análise traz uma vantagem em relação à Grécia em número de documentos escritos sobre sua história. O poeta Virgílio, em sua obra Eneida, afirma que os romanos descendem de Enéas, herói de Tróia que havia escapado quando os gregos destruíram a cidade, por volta de 1.400 a.C. Assim, com a proteção de Vênus e guiado por Júpiter, chegou à Itália na região do Lácio. Após sua morte, seu filho, Ascânio fundou Alba Longa, e após 12 sucessões, os descendentes Rômulo e Remo fundaram Roma em 753 a.C. (ARRUDA; PILETTI, 1997).

A história política de Roma pode ser dividida em Monarquia que se inicia com sua fundação até a revolução que depôs o último rei Tarquínio Soberbo (534-510 — a.C.), República que segue até o ano de 27 a.C. e o Império (GIORDANI, 1968).

No período da Monarquia romana não há informações historicamente exatas. Os dados foram obtidos a partir das lendas sobre os sete reinados. Trata-se de um período primitivo de formação do estado romano quando a economia baseava-se em atividades agropastoris. (GIORDANI, 1968).

Com o advento da República, a sociedade Romana passa a ter uma formação mais complexa dividindo-se em patrícios, clientes, plebeus e os escravos, que alguns autores não incluem na divisão social visto que não tinham nenhum *status*.

Conforme preleciona *Luis Antonio Rolim* (2000, p. 181):

> A sociedade romana, nos primeiros séculos, era constituída por classes sociais bem definidas, separadas num sistema hierárquico determinado pelo nascimento, fortuna e domicílio da pessoa. Assim, o povo que habitava a pequena aldeia de Roma era dividido nas seguintes categorias sociais: patrícios, clientes, plebeus e escravos.

Os *patrícios*, também conhecidos por *quirites,* eram descendentes das antigas famílias fundadoras de Roma. Por serem descendentes de antepassados divinos, tinham seus próprios deuses e eram agrupados em *gens*. "Os membros dos *gens* eram conhecidos por *gentiles* e o conjunto destes formava as *gentes*, ou seja, todo o patriciado, que era a classe dominante" (ROLIM, 2000). Cada família patrícia era indivisível e perpetuava-se por meio de seus membros. De forma semelhante aos gregos, os chefes das "gens" eram os *pater familiae*, que exerciam amplos poderes, de vida e morte, sobre todos que lhe eram subordinados, atuando como rei, sacerdote e juiz no âmbito familiar, decidindo sobre o destino de seus membros (COULANGES, 2005).

Somente os patrícios tinham direitos, pois eram os únicos que tinham *status civitatis*, qualidade que lhes conferia o título de *cidadãos romanos*. Era considerado um *cidadão* aquele indivíduo que pudesse cultuar os deuses da cidade e os antepassados da família, jurando-lhes respeito, obediência e veneração – ou seja, os membros da classe patrícia (COULANGES, 2005). Assim, "esse homem, no dia em que se inscreveu no registro dos cidadãos, jurou praticar o culto dos deuses da cidade e por eles combater" (COULANGES, 2005, p. 155).

Como cidadãos romanos, os patrícios podiam votar e ser votados, servir nas legiões romanas (com direito ao saque ou botim, após as vitórias), ser proprietários, ter patrimônio e tornar-se titulares de direitos. Os patrícios constituíam uma "nobreza de sangue, herdeira, com seus privilégios políticos e religiosos, seus emblemas e seus hábitos, da antiga cavalaria dos reis etruscos, concentrava nas próprias mãos não apenas a posse das terras, mas a direção pública e administração da justiça." Quando necessário, os *pater familias* se reuniam para discutir os problemas da comunidade, fato esse que deu origem ao senado romano.

Outra figura que aparece na sociedade romana é a clientela. Os clientes eram estrangeiros que viviam às expensas dos patrícios, sob sua dependência e proteção. Como estrangeiros, não tinham (e nem podiam aspirar a ter) a *cidadania* romana. Não sendo descendentes das antigas famílias patrícias, não tinham, conseqüentemente, o "sangue puro" romano. Não podiam nem mesmo cultuar os mesmos deuses que os romanos, que "só poderiam receber orações e oferendas do cidadão (romano) e repeliam todo homem estrangeiro" (COULANGES, 2005, p. 157). Aliás, a simples presença de um estrangeiro durante as cerimônias religiosas romanas era considerada um grande sacrilégio (COULANGES, 2005). *Virgílio* conta que, durante o culto, o sacerdote romano era obrigado a cobrir a cabeça para que não pudesse ver o rosto de um estrangeiro: isso perturbaria os "auspícios".

Os romanos, no entanto, recebiam bem os estrangeiros, pois muitos deles traziam consigo novos conhecimentos, sendo muitas vezes mais ricos que os próprios patrícios. Surgiu, então, a *clientela*, ou seja, cidadãos de segunda classe, composta por *clientes* (estrangeiros) que se tornavam protegidos dos patrícios. Apesar de não terem a cidadania romana, passaram a gozar de alguns benefícios legais: podiam se ligar à religião do patrício protetor e participavam com ele das mesmas festas, cultos e comemorações, sendo considerados membros de suas famílias. Em contrapartida, deviam-lhes obrigações e obediência. Para os patrícios, por sua vez, era interessante viverem rodeados de *clientes*, pois, quanto mais deles tivessem, mais reconhecidos seriam na sociedade romana (ROLIM, 2000).

Em troca dos favores recebidos, os clientes deveriam sempre defender o patrício protetor, acompanhando-o à guerra, quando necessário, e jamais testemunhando ou litigando contra o seu patrono. "Quando eclodia uma revolução, era o senador (patrício) que, assustado, buscava, então, amparo na humilde casa de seu cliente e ali esperava que passasse a borrasca" (ROLIM, 2000, p. 182).

Outra categoria existente na antigüidade romana é a plebe que era constituída por pessoas provenientes de diversas regiões que fixavam residência em Roma e não tinham a descendência da estirpe patrícia. Dedicavam-se ao comércio, agricultura e ao artesanato. Provavelmente se constituíam, também, dos vencidos que ficavam sob a proteção do Estado, dos clientes de famílias patrícias que se extinguiram e dos estrangeiros aos quais o Estado protegia (ROLIM, 2000).

Os plebeus não eram considerados "cidadãos romanos" e nem mesmo eram considerados como parte do povo romano. Não podiam residir na cidade de Roma, mas sim no *asilo*, um bairro fechado localizado nas encostas dos montes Capitolino e Aventino. (ROLIM, 2000).

Como destaca *Fustel de Coulanges* (2005):

> "O plebeu era rejeitado pelos deuses. Entre o patrício e o plebeu há toda uma distância que a religião pode demarcar entre dois homens. A plebe é uma população desprezível e abjeta, fora da religião, fora da lei, fora da sociedade e da família."

Os plebeus não tinham direito algum, quer público, quer privado. Geralmente não possuíam fortuna ou propriedades nem tinham direito ao culto ou à religião dos patrícios.

Por fim, encontramos no mundo romano os escravos, que nem sequer eram considerados como membros da sociedade, visto que eram considerados coisa. Aquele que se encontrava na condição de escravo era considerado uma *res*, coisa. Em sentido amplo, *res* é tudo aquilo que existe na natureza e que pode ser conhecido pelo homem. Em termos jurídicos, porém, coisa é tudo aquilo que é suscetível de apropriação pelo homem e que se torna objeto de direito porque tem valor econômico; é o mesmo conceito de "bens" adotado nos dias de hoje (ROLIM, 2000).

Segundo esse conceito, o escravo estaria enquadrado na classificação de *res corporales*, eis que era uma coisa concreta, que podia ser percebida pelos sentidos, ou seja, podia ser pesado, medido, tocado. Era fungível, eis que não podia ser substituído por outro da mesma espécie, pois tinha uma individualidade inconfundível e, obviamente, era indivisível, visto que não poderia ser fracionado, dividido ou separado, sem ser destruído ou danificado (ROLIM, 2000).

Como eram considerados "coisa", um objeto, não gozavam de qualquer espécie de direito. Eram comprados e vendidos como simples mercadorias e seus proprietários (*dominus*) podiam abandoná-los, fustigá-los e mesmo matá-los, pois tinham sobre eles o poder de vida e morte. *Varrão* os definia como simples "instrumentos capazes de falar" (ROLIM, 2000, p. 183).

No período de dominação romana, uma pessoa podia se tornar escrava, basicamente, pelo nascimento ou por se tornar prisioneiro de guerra. No caso do nascimento, a regra era de que os filhos seguiam a condição da mãe no momento do parto. Assim, se o pai fosse um escravo e a mãe livre, o filho seria livre; por outro lado, era considerado escravo o filho de mãe escrava, mesmo que seu pai fosse um livre cidadão romano. No entanto, se ficasse provado que a mãe escrava, durante algum momento da gestação, tivesse sido livre, o filho também poderia ser considerado livre (ROLIM, 2000).

A outra hipótese, bastante comum naquele período, ocorria quando a pessoa fosse aprisionada em guerra. Nesse caso, o prisioneiro (*captivi*) passava automaticamente à condição de escravo. Vale destacar que essa regra também se aplicava aos cidadãos romanos. Assim, embora tivesse *status* de cidadão, se fossem aprisionados pelo inimigo, passavam, assim, a ser considerados como escravos, a não ser que tivessem caído prisioneiros de piratas, ladrões ou em conseqüência de uma guerra civil (ROLIM, 2000).

Diversos outros fatores faziam com que a pessoa perdesse seu *status libertatis*, conduzindo-a à condição de escravo como a condenação a penas capitais ou aos trabalhos forçados, a inadimplência. Tornavam-se também escravos os ladrões flagrados pela vítima, os desertores das legiões romanas e aqueles que se recusavam a inscrever seu nome no censo (*incensus*) (GIORDANI, 1968).

Passavam, também, à condição de escravas, as mulheres que estivessem mantendo relações sexuais com um escravo e que não atendessem a três intimações consecutivas do proprietário do escravo, para que rompessem com aquele relacionamento ilícito.

Como simples "coisas" (*res*), os escravos podiam ser vendidos pelos seus senhores. O mesmo ocorria com os cidadãos romanos que perdiam o *status libertatis* pelos motivos apontados. O *jus civili*, no entanto, não permitia que eles fossem vendidos em solo romano, exatamente por terem *status* de "cidadãos" romanos. O problema foi resolvido permitindo-se que eles fossem vendidos *transtiberim*, ou seja, além do Rio Tibre, que demarcava a fronteira da cidade (ROLIM, 2000).

Manumissão (*manu missio*) era a alforria, a liberdade concedida ao escravo pelo senhor (*dominus*) e podia ser concedida de forma solene ou não-solene. A libertação de um deles era considerada um mérito, mas não um dever (ROLIM, 2000).

Alguns exemplos de forma solene de manumissão no período romano são as manumissões pelo censo e por testamento. Na época do império, a lei determinava um recenseamento a cada cinco anos. Nessas ocasiões, quando o *dominus* recebia a visita do censor, se pretendesse libertar um escravo, inscrevia seu nome como um dos membros de sua família e, a partir desse ato, o escravo se tornava um homem livre.

Por fim, a manumissão por testamento compreendia na inclusão de cláusula expressa de seu testamento do *dominus*, no qual se fazia constar sua vontade de libertar determinado escravo.

Os homens livres eram classificados pelo *jus civile* em ingênuos e libertos. Os ingênuos (*ingenus*) eram aqueles que haviam nascido livres e jamais tinham perdido a liberdade, e *libertus (libertinus)* eram os escravos que haviam sido manumitidos ou alforriados.

Os libertos, no entanto, apesar de adquirirem o *status libertatis*, continuavam a sofrer algumas restrições em seus direitos: não podiam ocupar determinados cargos públicos nem ingressar na classe sacerdotal e, ainda, passavam a dever favores a seus antigos senhores *(obsequium, operae e bona)* (GIORDANI, 1968). O liberto que não fosse obsequioso, ou seja, não cumprisse suas obrigações para com o ex-senhor, podia ser retirado de sua lista de legatários, ficar proibido de ser sepultado na tumba da família do *ex dominus* e ser considerado *ingrato*, sendo condenado publicamente, por isso, à pena de bastonadas. Em casos graves, a sua liberdade podia até mesmo ser cassada por ingratidão (*revocatio in servitutem*).

Existiam algumas situações nas quais uma pessoa livre se encontrava numa condição de quase-servidão, dependente de submissa a outrem. Assim era a situação do *addictus,* dos *colonos,* do *redemptus,* do *auctoratus,* de pessoas *in mancipio* (GIORDANI, 1968). Vamos tratar apenas dos casos que trazem alguma semelhança a situações encontradas na atualidade.

Assim, temos, inicialmente os *addictus*, que eram os devedores que ficavam submetidos ao credor até o pagamento efetivo da dívida. Alguns eram condenados por sentença judicial (*judicatus*); outros se vinculavam livremente ao credor, na condição de escravos, por meio da celebração de um contrato (*nexum*), até o pagamento de seu débito. Se pagassem o devido, revogava-se o contrato. Se não pagassem, os credores poderiam aprisioná-los em cárcere doméstico por 60 dias (GIORDANI, 1968). Depois desse prazo, os credores podiam até mesmo matá-los, se assim o desejassem, ou vendê-los como escravo no estrangeiro, além do Rio Tibre (*transTiberim*). Essa prisão por dívidas foi abolida por Teodósio I, no ano 388 d.C.

Vale destacar que essa escravidão por dívida traz grande semelhança com aquela que ocorreu na Grécia e abolida por Sólon. Essa forma de escravidão tem especial importância neste trabalho porque representa uma referência histórica ao tipo de escravidão contemporânea.

Outra figura encontrada e que merece destaque para o nosso estudo é a dos *colonos*, homens livres que se transformavam voluntariamente em verdadeiros servos da terra (*servi terrae*). Eles se vinculavam às terras que cultivavam, mediante o pagamento de uma renda ao proprietário e delas não podiam se afastar. Esse vínculo com a terra era tão forte que, no caso de alienação da propriedade, essa deveria ser vendida com os colonos (ROLIM, 2000). Esse tipo de exploração foi aperfeiçoada na Idade Média e podemos encontrar alguns traços nos dias atuais.

Pessoas in mancipio era a forma pela qual um *pater família* podia vender o próprio filho, até três vezes, como garantia de uma dívida, ou entregá-lo para trabalhar para outrem, mediante pagamento. Era uma espécie de locação do filho para prestação de serviços a outrem.

O *pater* podia também entregar o filho como reparação de algum dano causado a terceiros. Era o denominado "abandono noxal" (noxa = reparação do dano). O filho, nessas condições, não perdia a liberdade nem a cidadania, mas era considerado como *loco servi*, um quase-escravo.

Analisando algumas publicações como o relatório da comissão de Direitos Humanos da ONU (WEISSBRODT, 2002) e a obra "Gente Descartável", de *Kevin Bales* (2001), por exemplo, encontramos casos atuais de venda de crianças, inclusive para exploração sexual.

Com o fim do Império Romano e início das invasões bárbaras, inicia-se uma nova relação entre os homens. Os escravos vão desaparecendo, mas surge uma nova modalidade de exploração na forma de servidão.

Como poderemos constatar, havia muita semelhança da servidão com o colonato romano. Talvez tenha sido apenas um aperfeiçoamento do instituto jurídico. Todavia, a figura do escravo, pelo menos na Europa, praticamente desapareceu, ficando reduzido ao uso doméstico na região mediterrânea.

2.3. Escravidão na Europa Medieval

O período que compreendeu o que hoje designamos de Idade Média (476-1453) foi de grandes mudanças na estrutura social, econômica e cultural. Embora se busque datas marcantes para dividir as novas estruturas da sociedade, sabemos que as mudanças são lentas e vão ocorrendo ao longo do tempo até que a transformação se tenha completado. Não foi diferente o que ocorreu na Idade Média. O fim do império romano e as invasões bárbaras fizeram com que a Europa continental se reestruturasse de uma forma bastante fechada. Os antigos soldados que haviam recebido terras nas áreas do império passaram a arrendá-las à população empobrecida que trabalhava em troca de proteção (DOBB, 1971).

Esse sistema foi se aperfeiçoando ao longo da Idade Média, e o latifúndio passou a ser, além de uma "instituição econômica", também uma instituição social que se impunha sobre a vida de seus habitantes. Estes eram mais que simples rendeiros, "eram seus homens em toda a força do termo" (PIRENNE, 1982, p. 68).

A feição principal do feudalismo, visto de uma ótica econômica, é de ser um sistema de produção para o uso, em que as necessidades da comunidade são conhecidas e a produção planejada e organizada com vistas a satisfazer essas necessidades (DOBB, 1971).

Nesse período, alguns historiadores afirmam que a escravidão desapareceu, dando lugar à servidão. Contudo, apesar de ter predominado o sistema feudal, no qual se praticava a servidão, a escravidão se manteve na Europa mediterrânea e na África. Nesse período, havia um intenso tráfico de escravos promovidos pelos Turcos, mas, realmente, não se pode tratar da mesma situação fática.

A diferença entre o servo e o escravo está no estatuto jurídico daquele que estava preso à terra e não podia ser vendido. Assim, caso a propriedade mudasse de dono, o servo não acompanhava seu antigo senhor, mas continuava ligado à terra. Todavia, essa diferença não colocava o servo em condições de superioridade com relação ao escravo, pois aquele era tão espoliado e maltratado quanto este.

Como se sabe, o servo ocupava uma pequena gleba de terra, sendo obrigado a entregar a maior parte do que produzia ao senhor feudal em forma de impostos (talha, corvéia, etc.) e, ainda, a trabalhar de graça nas terras do senhor feudal, prestando-lhe serviços, tudo em razão da ocupação da terra e da proteção que o nobre lhe dava (PIRENNE, 1982).

Nessa relação, não se pode afirmar categoricamente que foi uma espécie de escravidão por dívidas, mas as características que ela comportava nos autoriza a dizer que se aproximava de tal relação, servindo de referência analítica, uma vez que o servo estava em débito permanente com o senhor feudal, o que o impedia de romper com esse vínculo.

2.4. Escravidão no Novo Mundo

A descoberta da América provocou um novo ciclo de escravidão que durou por volta de 350 anos. Trata-se da escravidão do negro africano, que embora tenha se iniciado pelos árabes no século 9, adquiriu grande amplitude com a fixação dos primeiros entrepostos portugueses na África Ocidental, na primeira metade do século 15 (DAVIS, 2001). No entanto, as diferenças entre o tráfico conduzido pelos árabes e o explorado pelos europeus foram significativas, em especial o fato de a escravidão nas sociedades muçulmanas atingir, indiferentemente, brancos e negros, e tinha um caráter sobretudo doméstico (COMPARATO, 2006). Para os europeus, o tráfico visou, desde o início, exclusivamente à população negra e inseriu-se no empreendimento das culturas agroexportadoras, organizadas em forma capitalista nos grandes domínios do continente americano.

Foi o mais vasto sistema de escravidão jamais organizado em toda a história. Até então, a servidão era a conseqüência da guerra ou de alguma forma de endividamento, mas a nova forma de escravidão praticada no continente americano distinguiu-se nitidamente da antiga pelo seu caráter empresarial (COMPARATO, 2006). A produção do açúcar, do tabaco e do algodão foi organizada segundo padrões capitalistas, com a mão-de-obra escrava sendo computada como puro insumo, analogamente à matéria-prima (COMPARATO, 2006).

Nos grandes estabelecimentos agrícolas da América Tropical, quase inteiramente voltados para a exportação, a demanda de mão-de-obra sempre foi muito grande. O potencial de exploração das áreas desocupadas estimulou a criação de um próspero "comércio de fornecimento de trabalhadores", que tomou grandes proporções, tornando-se uma atividade bastante rentável.

Embora com algumas peculiaridades específicas, a mão-de-obra negra foi largamente empregada nos Estados Unidos, no Caribe e no Brasil.(4)

A conquista da América, pela Espanha, foi marcada pelo assalto às terras indígenas e suas riquezas, bem como pela subjugação dos nativos. A princípio, o rei da Espanha não considerava os ameríndios escravos, sendo estes tidos como vassalos livres da coroa (DAVIS, 2001).

Porém, como vassalos do rei, os nativos tinham de pagar tributos. Por não terem dinheiro, em 1503, o governo espanhol permitiu que os exploradores usassem o trabalho compulsório

(4) Para se entender melhor essas diferenças indicamos o trabalho de David Brion Davis "O problema da escravidão na cultura ocidental", citado na referência.

do índio, principalmente na agricultura, para que este, de uma forma indireta, cumprisse com sua obrigação tributária, uma vez que o colonizador espanhol já era obrigado a pagar tributos ao rei. Em contrapartida, o explorador espanhol era obrigado a dar assistência material e religiosa ao nativo. Esse sistema ficou conhecido como *encomienda.*

É notório que a *encomienda* foi uma forma cínica de escravizar o ameríndio, tendo sido proibida em 1549 em virtude da atuação enérgica dos padres dominicanos, notadamente de Bartolomé de Las Casas (DAVIS, 2001). Porém, tal determinação não foi cumprida nem pelos "chapetones" nem pelos "criollos", que continuaram a escravizar os nativos durante quase todo o domínio espanhol, pois já estava enraizado o ditado no novo mundo, que dizia "Deus está no céu, o rei está longe, aqui quem manda sou eu", ou, então, aquele que dizia *"se acata, pero se no cumple"* (DAVIS, 2001, p. 301).

A lição que se extrai da encomenda é que ela foi um subterfúgio econômico para justificar a subjugação dos nativos pelo europeu, em razão destes não terem os meios de quitar "suas obrigações tributárias com a coroa espanhola" (DAVIS, 2001, p. 301).

A história das 13 colônias inglesas da América do Norte também foi marcada pela presença do trabalho escravo e servil.

O sistema de escravidão americana, que adotava como o Brasil, da mão-de-obra negra, era apontado por alguns autores como extremamente cruel (DAVIS, 2001). Todavia, como parâmetro para a condição de exploração contemporânea, vamos dar atenção ao sistema de servidão praticado naquelas colônias que era chamado de servidão de contrato e durava no máximo sete anos. Tal servidão teve origem no fenômeno dos *enclosures*, ocorrido na Inglaterra durante os séculos 16 e 17 (DAVIS, 2001).

Enclosures tem o significado histórico de cercamento dos campos para a criação de ovelhas. Por meio dos *enclosures*, os proprietários de terras expulsavam os camponeses das glebas que ocupavam há gerações, pois era mais rentável criar ovelhas para fornecer lã à nascente indústria têxtil.

Com efeito, os camponeses expulsos iam para as cidades em busca de trabalho nas fábricas. Porém, a oferta de mão-de-obra era maior do que a demanda. Disso resultou o desemprego em massa. Nesse contexto, muitos trabalhadores depauperados não tinham como pagar o transporte da metrópole para o novo mundo. Desse modo, um grande proprietário estabelecido em uma das 13 colônias inglesas da América do Norte custeava a vinda do imigrante e, em contrapartida, este tinha de trabalhar na qualidade de servo para o fazendeiro durante sete anos, ao término desse contrato, o trabalhador estava livre para tentar ganhar a vida sem as amarras da servidão.

No caso do Brasil houve, desde o início, a tentativa de subjugar o povo nativo, mas a forma de exploração da mão-de-obra que predominou em todo o período colonial e império foi a escravidão do africano que chegou ao fim apenas em 1888, por meio da Lei Áurea.

No entanto, a relação do explorador desde aquela época até as formas de escravidão encontradas nos dias de hoje, tem grande ligação com a "cultura latifundiária", que poderá ser analisada de forma mais profunda no item seguinte.

2.5. A Escravidão no Brasil

A estrutura agrária baseada no latifúndio e em relações autoritárias de "coronelismo"[5] ainda é responsável por parte da escravidão contemporânea encontrada no meio rural brasileiro.

---

(5) O coronelismo surgiu de forma institucional com a formação da Guarda Nacional, criada em 1831, para auxiliar as Forças Armadas e o Corpo dos Permanentes (a polícia da época) a combater as agitações políticas durante o período regencial. O governo da Regência (1831-1842) colocou então os postos militares à venda, podendo os proprietários de terras e seus próximos adquirirem os títulos de tenente, capitão, major, tenente-coronel e coronel da Guarda Nacional. Todavia, para ser integrante era preciso ser alguém de posses, que tivesse recursos para assumir os custos com o uniforme e as armas necessárias (200 mil réis de renda anual nas cidades e 100 mil réis no campo). Assim é que com o tempo, o coronel passou a ser visto pelo povo como um homem poderoso de quem todos os demais eram dependentes. Nem mesmo o advento da República, pôs fim aos seus desmandos. Assim, mesmo o presidente Hermes da Fonseca (1910-1914) tendo suspenso a nomeação de novos oficiais da Guarda

Grandes proprietários de terras no interior do país ainda agem como senhores feudais, exercendo autoridade em sua área de influência que desafia o estado democrático de direito. Estabelecem seus poderes arbitrários com a certeza da impunidade, utilizando-se de relações de compadrio com outros latifundiários além de uma influência na política local e regional (REVISTA, 2004).

Apenas para podermos compreender melhor a situação encontrada nos dias de hoje, faremos uma breve análise da política de ocupação de terras em conjunto com o processo de extinção da escravidão negra ocorrido no século 19 (MARTINS, 1997).

Iniciada a colonização com o regime de capitanias hereditárias, esse sistema foi sendo substituído pela distribuição de cartas de sesmaria, que eram documentos passados pelas autoridades para doar terras (DINIZ, 2005). Todavia, esses documentos autorizavam apenas o uso, pois a propriedade ainda pertencia à Coroa portuguesa.

Muitos sesmeiros ocuparam grandes extensões de terras, apossando-se de terras limítrofes. Devido às irregularidades e à desordem na doação das sesmarias, havia a necessidade de elaborar-se um regimento próprio, obrigando a regularização e demarcação das terras. Em uma tentativa de controle e também para estimular o cultivo das terras, o governo central determinou que as terras não-trabalhadas teriam que ser devolvidas (DINIZ, 2005). Aqueles que ocupavam grandes extensões passaram a arrendar suas terras para que outros pudessem cultivá-las e assim iniciou-se um comércio irregular de doações e vendas de terras sem a autorização do poder central. Os que tinham a posse de grandes propriedades conseguiam, assim, acumular cada vez mais riquezas, seja pela produção direta de suas propriedades, ou pelo produto da negociação das terras (DINIZ, 2005).

Nacional e determinado que só os militares das forças armadas e das polícias militares poderiam ostentar suas patentes, os coronéis continuaram a cometer arbitrariedades. Afinal, em face de sua influência política, por meio dos votos "de cabresto" garantidos pelos coronéis, o governo federal contava com seu apoio para poder permanecer no poder e em contrapartida era garantida a nomeação de juizes e delegados favoráveis aos seus desmandos. Disponível em <http://wap.underlinux.com.br/coronelismo.htm>, acesso em 23 mar. 2006.

Como a base da economia brasileira era a produção agrícola, os grandes latifundiários, detentores do poder econômico exerciam também influência política local. Preocupada com a situação na colônia, principalmente com as revoluções liberais que estavam ocorrendo na Europa, a Coroa Portuguesa expediu em 1795 um alvará com a intenção de reestruturar o sistema de sesmarias, em que reconhecia a situação dos posseiros e buscava trazer para si a responsabilidade da concessão das terras devolutas. Contudo, a suspensão, no ano seguinte, do referido alvará nos mostra como a realidade da posse e a obrigatoriedade da demarcação e do cultivo faziam parte de uma relação conflituosa entre Coroa, fazendeiros e colonos, enfatizando o poder dos grandes donos de terras.

Em 1822, logo após a Independência do Brasil, foi publicada, em 17 de julho, uma resolução extinguindo o regime de sesmarias, mas não pôs nada em seu lugar, permitindo a generalização da ocupação de terras. O fim das sesmarias consagrou a importância social dos posseiros, mas embora terminada juridicamente a concessão, não se acabou com a figura do sesmeiro, grande proprietário de terras que resistia à política do Império. Essa aceitação do posseiro em relação à legislação sobre sesmarias nas terras brasileiras pode ser interpretado como mais um esforço da Coroa em limitar o poder do sesmeiro, grande proprietário rural. Contudo, a livre ocupação da terra era muito restrita, pois os títulos só poderiam ser obtidos por pessoas que fossem brancas e livres, ou seja, aqueles que tinham direitos políticos e podiam fazer parte das câmaras municipais. Quem não se encontrasse nessa condição, mesmo não sendo escravo, não tinha outra alternativa senão a de trabalhar para os que tinham legitimamente o acesso aos direitos sobre a terra (MARTINS, 2002).

Nesse contexto, a Carta Política de 1824 garantiu o direito de propriedade, sem fazer alarde aos problemas herdados das sesmarias nem às terras devolutas. Destaca-se que até então o direito de propriedade era restrito às benfeitorias.

Paralelamente à política interna de consolidação do Império, era exercida pela Inglaterra uma pressão para pôr fim ao tráfico negreiro. Já havia sido elaborado um primeiro documento em 1810 com a Inglaterra, posteriormente, com a participação do Congresso de Viena em 1815, outro compromisso em 1827, quando previa o fim do tráfico de escravos após três anos. Em 1831, como resposta à pressão imposta pela Inglaterra, foi publicada a lei que declarava livres os escravos vindos de fora do Império, visando, assim, o fim do tráfico, que na prática não ocorreu. Tratava-se de lei "para inglês ver". Após a série de acordos descumpridos pelo Brasil, a Inglaterra sancionou o *Bill Aberdin*, por meio do qual poderia abordar e, se necessário, afundar navios que levassem escravos. Essa situação levou o país a uma reavaliação conjunta das políticas de terra e trabalho (BARBOSA, 2003) que culminou com a elaboração de leis que visavam ao mesmo tempo, atender os interesses externos de extinção do tráfico e garantir o apoio interno, assegurando à grande propriedade a mão-de-obra que faltaria com o fim da escravidão.

Assim, foi publicada a Lei de Terras, Lei n. 601 de 1850, 14 dias após a extinção do tráfico e além do Código Comercial, que regulamentava as sociedades anônimas, permitindo assim uma nova utilização dos capitais envolvidos com o tráfico negreiro (BARBOSA, 2003). Esta coincidência de leis no mesmo período, além da reforma centralizadora da Guarda Nacional, estava relacionada ao processo mais amplo de legitimação da Coroa perante as forças dominantes no país (BARBOSA, 2003).

Com a Lei de Terras, a aquisição das propriedades somente poderia ser realizada por meio de sua compra, o que significava a proibição das modalidades tradicionais de posse e doação. Todavia, as ocupações anteriores à lei poderiam ser validadas desde que as terras fossem demarcadas e os impostos correspondentes pagos (BARBOSA, 2003). Os recursos obtidos com a venda das terras seriam utilizados para financiar a importação de colonos livres. Assim, a terra, ao invés de fonte de prestígio social deveria ser tratada como mercadoria, da mesma forma que a força de trabalho, com a abolição deveria passar a ser negociada no mercado (COSTA, 1985).

O novo processo estabelecido pode-se dizer que foi o inverso daquele ocorrido no sistema de semarias, pois o título de propriedade passou a prevalecer sobre os direitos de ocupação efetiva.

Havia a necessidade de regularizar a propriedade da terra, que nos 30 anos anteriores havia sido incorporada exclusivamente por meio da ocupação e, ao, mesmo tempo, era necessário restringir a aquisição de novas terras para mobilizar a força de trabalho disponível para a grande produção. Para isso, o governo imperial fixou um preço mínimo, que era superior ao cobrado pelas terras particulares e que deveria ser pago à vista. A partir de então haveria o levantamento das terras devolutas que seria feito por exclusão. Nesse contexto, a terra poderia ser obtida por qualquer pessoa com capital suficiente (COSTA, 1985), não deixando outra opção aos escravos libertos e imigrantes senão a procura de emprego nas terras dos grandes latifundiários.

Assim, pode-se dizer que o grande problema brasileiro ligado à terra se iniciou nesse processo que impedia o acesso à terra por parte das populações pobres, pois dependem de elevados recursos financeiros que não têm (MARTINS, 2002).

Essa concentração da propriedade na posse de uma minoria é considerada como causa da desigualdade e atraso econômico do país.

Apenas como parâmetro de comparação, no mesmo período, o governo norte americano adotou uma política de distribuição de terras que permitiu a ocupação do oeste americano e, ao mesmo tempo propiciou o crescimento do mercado interno e desenvolvimento da indústria (BARBOSA, 2003).

Já no século 20, quando o país começou a se industrializar, houve um grande êxodo rural, provocado pela falta de oportunidades no campo e também pelas grandes secas ocorridas no nordeste.

Em vista à tensão no campo, buscou-se uma nova tentativa de reforma agrária e também de regulamentação do trabalho no campo. Assim criou-se o Estatuto do Trabalhador Rural e o Estatuto da Terra, já no governo militar.

Passou-se a uma política de desenvolvimento da Amazônia com grandes incentivos do governo federal para projetos de ocupação e integração da região.

Usava-se o lema "integrar para não entregar".

Embora houvesse uma população carente que poderia ter ocupado as terras, a opção foi pela distribuição de grandes extensões, com incentivos fiscais e empréstimos milionários para grupos de empresas, inclusive multinacionais. A Volkswagem foi uma das empresas que receberam uma área na região sul do Pará, que posteriormente foi envolvida em denúncias de trabalho escravo.

As áreas isoladas, aliadas à ganância e à falta de fiscalização foram ingredientes importantes para a exploração do trabalhador naquelas grandes propriedades.

Capítulo 3

O TRABALHO ESCRAVO NO BRASIL RURAL

Há mais de um século, a Lei n. 3.353 de 13 de maio de 1888, conhecida como Lei Áurea, aboliu a escravatura no Brasil e, além desse ato legislativo, o Estado brasileiro assinou e ratificou todos os tratados internacionais relativos ao tema.(1) Todavia, não obstante a existência de leis proibindo essa prática, a escravidão ainda é uma realidade neste país.(2)

Ao compararmos com as situações existentes em outros momentos da história do homem, poderemos verificar que se trata, no entanto, de uma nova realidade, com características diversas daquelas.

Hoje o problema é bastante complexo e para se obter uma dimensão mais precisa dessa situação, se faz necessária uma análise dos mais diversos aspectos como políticos, sociais, econômicos e jurídicos.

As condições precárias de trabalho no campo, onde trabalhadores ainda são reduzidos à condição análoga à escravidão têm sido objeto de denúncia da Comissão Pastoral da Terra desde a década de 1970,(3) mas as ações efetivas só passaram a ser

---

(1) Convenção de 1926 da Liga das Nações sobre a escravidão e Convenções ns. 29 e 105 da Organização Internacional do Trabalho que tratam do tema.

(2) No ano de 2005 o Grupo Especial de Fiscalização Móvel do MTE (Ministério do Trabalho e Emprego) bateu recorde no número de operações de combate ao trabalho escravo realizando 81 operações, com fiscalização em 183 fazendas e a libertação de 4.133 trabalhadores e no primeiro trimestre de 2006 já foram 17 envolvendo 32 fazendas com a libertação de 511 trabalhadores. Disponível em <http://www.mte.gov.br/Empregador/fiscatrab/estatistica/default.asp>, acesso em: 03 maio 2006.

(3) Os primeiros relatos sobre a escravidão contemporânea no Brasil foram feitos por D. Pedro Casaldáliga (Bispo da Prelazia de São Félix do Araguaia desde 1971) que em outubro de 1972

realizadas nos anos 1990[(4)], quando o governo brasileiro admitiu a existência do problema perante a comunidade internacional.[(5)]

Atualmente, segundo dados da Comissão Pastoral da Terra, temos no Brasil um número aproximado de 25.000 pessoas em condições análogas à escravidão podendo chegar a 40.000, conforme estimativas da Confederação Nacional de Trabalhadores na Agricultura CONTAG (TRABALHO, 2004). Conforme ainda os cálculos dos funcionários do Ministério do Trabalho, para cada trabalhador que é libertado nas fazendas, podem existir outros três não-localizados (FIGUEIRA, 2005). Por se tratar de atividade ilícita, o mapeamento do problema só pode ser feito com base no número de denúncias e das fiscalizações realizadas, que, naturalmente, não abrange a totalidade dos casos. Observa-se, contudo, que esse critério também não é suficientemente seguro para quantificarmos o problema, mas já nos revela sua existência e são com esses dados que vamos trabalhar.

De maneira geral, o trabalho escravo tem como elemento característico, e diria até fundamental, a perda da liberdade humana, seja de forma direta ou indireta. Assim, para se analisar determinada situação que envolve trabalho escravo, deve estar atento ao elemento principal que é a coerção física e moral que cerceia a livre opção e livre ação do trabalhador (MARTINS, 1999). Portanto, como delimitação do fenômeno, não iremos considerar o trabalho mal remunerado, perigoso ou realizado em condições

---

publicou um relatório com o título "Uma Igreja da Amazônia em conflito com o latifúndio e a marginalização social" onde denunciava as condições encontradas na região e permanece nessa luta até os dias de hoje.

(4) Dentre as medidas adotadas pelo governo brasileiro nos anos noventa, podem ser destacadas a criação do Programa para a Erradicação do Trabalho Forçado – Perfor, em cujo âmbito foram firmados acordos de cooperação entre várias instituições e em 1995 o lançamento de um programa de ação mais sistemática com a criação do órgão interministerial chamado Grupo Executivo de Combate ao Trabalho Forçado, Gertraf, que tinha por finalidade a coordenação e implementação das medidas necessárias à repressão ao trabalho forçado. Revista CEJ, Brasília, n. 22, jul./set. 2003, p. 120. OIT/Brasil. 2005 em parceria com Centro Educacional Universitário de Brasília. CD-ROM.

(5) Após ser denunciado perante a Organização dos Estados Americanos, no ano de 1993 pela negligência na apuração das denúncias de trabalho escravo, o governo brasileiro assinou um acordo em que se comprometeu entre outras coisas, a buscar uma solução para o problema. Esse episódio conhecido como "caso José Pereira" está descrito mais adiante.

gerais de exploração. Aliás, a própria Organização Internacional do Trabalho, que desde sua criação em 1919 vem defendendo os direitos dos trabalhadores em todo o mundo, considera temerário "recorrer a expedientes relativamente simples, como o uso da dívida entre agricultores arrendatários para indicação de regime de servidão" (ORGANIZAÇÃO, 2001, p. 24, item 97). Preocupada com uma interpretação suficientemente abrangente, a OIT não utiliza o termo trabalho escravo para que não se confunda com as condições de exploração havidas até o século 19. Destaca-se que no conceito de trabalhos forçados utilizado pela OIT estão incluídas várias formas de exploração do homem as quais iremos tratar mais adiante.

3.1. Imigração e Escravidão

Os casos de escravidão encontrados nos dias de hoje estão freqüentemente relacionados à miséria, à baixa instrução e à falta de oportunidades. Não é por acaso que as regiões mais pobres do Brasil são as principais fontes de mão-de-obra escrava no país[(6)]. No entanto, os locais de exploração da mão-de-obra escrava são diversos do local de origem dos trabalhadores, pois é justamente quando esses trabalhadores saem em busca de melhores condições de vida que acabam se tornando vítimas de um sistema de exploração (BRETON, 2002)[(7)], que os reduzem à condição de escravos. Assim, a condição de imigrante é uma característica comum identificada no trabalho escravo. Essa característica pode ser observada tanto na situação de trabalhadores nacionais como estrangeiros. O que vai mudar em um caso ou em outro é a forma de coação.

(6) Ao compararmos os dados publicados da equipe de Fiscalização do Ministério do Trabalho contidos no anexo com os dados do IBGE e do Atlas da exclusão social no Brasil.

(7) Ao falarmos em sistema de exploração, estamos nos referindo a uma cadeia que envolve o patrão, o gato, a dona de pensão, o motorista que leva ilegalmente os peões à fazenda desviando de barreiras e quando preciso suborna o policial que faz vista grossa, conforme descrito por Binka Le Breton.

No caso do trabalhador estrangeiro, este normalmente tem sua documentação apreendida e por se encontrar em situação ilegal no país, não se sente seguro para recorrer às autoridades locais. Até porque, a denúncia pode acarretar sua prisão e deportação reconduzindo ao local de origem. No Brasil, há relatos de imigrantes bolivianos trabalhando em confecções de coreanos na grande São Paulo e também de trabalhadores paraguaios reduzidos à condição análoga à de escravo em confecções no interior de Minas Gerais.(8) Contudo, por possuir peculiaridades próprias da condição de estrangeiro, não iremos aprofundar esse tipo de exploração, nos limitando a tratar do trabalhador nacional e o tipo de exploração ocorrida no meio rural.

Assim, em se tratando do trabalhador nacional, uma característica observada nos casos descritos como situação análoga à escravidão é o deslocamento do trabalhador dentro do território nacional, caracterizando sua condição de migrante. A distância de sua casa o deixa mais vulnerável, pois fica isolado em condição mais adversa e não tem a quem recorrer. O processo de aliciamento é um pouco diferenciado que no primeiro caso, mas a fraude é um instrumento comum para assegurar a permanência da pessoa vinculada ao contrato de trabalho.

No Brasil, as principais áreas de incidência de trabalho escravo são as regiões Norte e Centro-Oeste, destacando-se os Estados do Mato-Grosso e Pará.(9) A grande expansão da fronteira agrícola nestes Estados tem atraído muitos trabalhadores de regiões mais pobres, particularmente do Norte e do Nordeste, que saem à procura de melhores condições de vida e acabam envolvidos em uma situação de exploração que não conseguem escapar.

Como já vimos no item anterior, podemos afirmar que as condições de escravidão contemporâneas têm seus antecedentes na década de 1970, no período da ditadura militar, quando foi promovida a ocupação da Amazônia. Esse processo provocou um

(8) Disponível em <http://www.pgt.mpt.gov.br/noticias/2005/07/n571.html>, acesso em 27 nov. 2005.

(9) Dados da CPT e DRT.

deslocamento de pessoas, principalmente da Região Nordeste, que foram excessivamente exploradas. Segundo as estatísticas apresentadas pelos órgãos de fiscalização, os lugares mais comuns onde partem os trabalhadores são o Maranhão e o Piauí. E as maiores incidências de trabalhadores encontrados em condições análogas às de escravo são no norte de Mato Grosso e no Pará (TRABALHO, 2004).

Considerando o número de trabalhadores encontrados em condição análoga à de escravo oriundos do Estado do Piauí, a Pastoral do Migrante, em parceria com a Comissão Pastoral daquele Estado, elaboraram um relatório com o título "Razões da Migração (origem) *versus* Razões da Exploração e Trabalho Análogo a escravo (destino)", em que entrevistaram 367 domicílios de familiares de trabalhadores que saem para trabalhar em outros Estados nos municípios considerados como os que possuem os maiores índices de trabalhadores migrantes como Barras, Miguel, São Raimundo Nonato, União Esperantina e Uruçuí.

Vamos fazer uso das informações desse relatório para melhor orientar nosso trabalho, pois são dados que indicam as motivações dos trabalhadores para realizarem esse deslocamento e como acabam envolvidos em denúncias de trabalho escravo.

As famílias entrevistadas eram formadas em sua grande maioria (74,1%) por cinco membros ou mais, e 71,8% dos entrevistados informaram que, com o trabalho realizado na própria região, sua renda familiar não atingia um salário mínimo. Entre as famílias que declararam renda maior que um salário, 86,9% possuíam aposentados entre seus membros. As atividades realizadas por 82,7% dos membros das famílias entrevistadas são trabalhos nas atividades agrícolas.

Entre aqueles que iam buscar alternativas de trabalho fora de seus municípios, 93% eram homens, sendo que desses, 65,3% se concentravam na faixa entre 18 e 35 anos (idade em que estão em melhor forma física para suportarem trabalhos pesados). Sua escolaridade era predominantemente baixa, com 16% de analfabetos, e 45% não atingiram a quarta série.

Em 40% das famílias pelo menos duas pessoas vão todos os anos trabalhar fora. Em 90,8% dos casos, a migração não é definitiva e dura de cinco a sete meses. Nos últimos cinco anos, 76,6% dos trabalhadores saíram mais do que duas vezes para trabalhar.

Esses dados apresentados pelo relatório da Pastoral do Migrante permite-nos traçar um perfil do trabalhador explorado como um trabalhador pobre, com baixa formação escolar e que vive em uma região que não lhe dá oportunidade de trabalho, não há terra suficiente, ou mesmo havendo terra, não há condições objetivas de produzir e comercializar.

Ricardo Rezende, que esteve entre 2000 e 2001 realizando uma pesquisa de campo no município de Barras no Piauí, pôde constatar no Sindicato dos Trabalhadores Rurais que os pequenos proprietários, salvo os oriundos de assentamentos recentes, não contavam com o apoio do governo nem a assessoria de órgãos públicos. Verificou, também, que a produção dessas famílias não era suficiente para atender suas necessidades de alimentação e, conseqüentemente, não havia um excedente para a comercialização. Por essa razão, as pessoas aptas ao trabalho precisavam se assalariar temporariamente. Uma vez que esse tipo de assalariamento não era oferecido na região, empreendiam viagens às fazendas do Pará ou mesmo Minas Gerais e São Paulo, na esperança de assim dispor de dinheiro para comprar os produtos incapazes de produzir, como roupas, remédio, calçado, bicicleta, etc. (FIGUEIRA, 2004).

Voltando aos dados da pesquisa, a Pastoral (2004) relata como são aliciados os trabalhadores e com quem viajam:

> (15,6%) dos trabalhadores saem sós quando vão trabalhar em outro local, (48,4%) vão em pequenos grupos com parentes ou colegas e (56%) saem em grupos grandes que são aliciados por gatos. O primeiro contato do gato é feito nos lugarejos, geralmente nos bares "boteco", entre um gole e outro de cachaça, ou com alto falante em cima do carro até o anúncio nas rádios locais. Prometendo bons salários,

que variam entre R$ 800,00 e R$ 1.200,00 por mês, alojamentos bons com comida, lavanderia de roupa de graça e que no final da safra a usina dará seguro-desemprego.

O segundo passo é o transporte que, na maioria das vezes, é feito por empresas clandestinas, que, na saída, o "gato" oferece ao trabalhador cachaça, muitas mulheres em volta do ônibus e outras coisas e parte do município geralmente de madrugada, utilizam as estradas vicinais ou até estradas de terra. Não trafegam pelas BRs devido a fiscalização da Polícia Rodoviária Federal.

Essas informações coincidem com aquelas encontradas na obra *Vidas Roubadas: a escravidão moderna na Amazônia brasileira*, de Binka Le Breton; e *Pisando fora da própria sombra*, de Ricardo Rezende Figueira. Verificamos que é bastante comum a abordagem feita com promessas tentadoras de possibilidade de grandes ganhos.

Um aspecto a ser destacado é o clima de sedução criado para iludir o trabalhador com utilização de bebidas alcoólicas e até mesmo prostitutas. Mas, sem que possa desconfiar que tudo tem seu preço, o trabalhador inicia assim uma dívida que irá aprisioná-lo no futuro breve.

Normalmente, o custo da viagem sai por conta do próprio trabalhador. A pesquisa da Pastoral do Migrante identificou que apenas 11,5% dispõem de dinheiro para essa viagem, 56,6% pede dinheiro emprestado para familiares ou amigos e 31,9% recebem adiantamento do gato, e esses já estão a um passo para a submissão ao trabalho escravo ou degradante.

Apenas complementando estas informações, vale destacar as observações feitas por *Ricardo Rezende Figueira* (2004, p. 118), em relação às formas de deslocamento empreendidas pelos trabalhadores migrantes:

> Há duas maneiras mais comuns de partir. Na primeira, a pessoa já sai do município recrutada diretamente pelo empreiteiro ou por um aliciador; na segunda, a pessoa viaja sem ser recrutada, com a esperança de que, uma vez no

Pará ou em algum Estado próximo — como o Tocantins ou o Maranhão —, o recrutamento seja realizado. Os do primeiro caso ou saem de Barras acompanhados pelo agenciador de mão-de-obra ou vão sem ele, mas com um adiantamento dele recebido que corresponde à passagem e ao abono.

Esses trabalhadores que já receberam o adiantamento da passagem ou algum abono já saem com uma dívida, que só vai aumentando no momento em que iniciam o trabalho e têm que comprar as próprias ferramentas, os alimentos, pagar seu alojamento, etc.(10)

Os relatos de casos de trabalho escravo e degradante levantados no relatório incluem a derrubada de mata e preparação de pasto nos Estados do Pará e do Tocantins e um grande destaque para o trabalho do corte da cana especialmente nos Estados de São Paulo, Mato Grosso e Goiás.

Fazendo esse acompanhamento do trabalhador desde a sua origem até o momento do resgate, conseguimos compreender melhor o problema e podemos partir para a busca de soluções. Trata-se de uma situação bastante complexa que envolve um aspecto econômico e social muito importante, além de político e legal.

A Organização Internacional do Trabalho também aponta casos de trabalho escravo denunciados em áreas de mineração, no trabalho sazonal de desmatamento, na produção de carvão vegetal e em uma série de atividades agrícolas como o corte de cana-de-açúcar, a plantação de capim e a colheita de café e algodão.(11)

Embora a condição de exploração do trabalhador possa se apresentar de várias formas, verificamos que a principal característica ocorrida nas áreas rurais brasileiras é o uso do endividamento como forma de imobilização dos trabalhadores nas propriedades até a quitação de suas dívidas, que, de um modo geral, são contraídas de forma fraudulenta,(12) como já foi indicado pelo relatório

(10) Os descontos com alojamento e alimentação não podem ser superiores a 20% e 25%, calculados sobre o salário mínimo respectivamente, conforme prevê o art. 9º, *a* e *b*, da Lei n. 5.889/73.

(11) Relatório OIT. Não ao trabalho forçado, p. 39.

(12) Organização Internacional do Trabalho, p. 40. Quanto à escravidão por dívida, recomenda-se a leitura do livro *Pisando fora da própria sombra*, de Ricardo Figueira.

da Pastoral do Migrante. Da descrição dos grupos de fiscalização verifica-se que entre as limitações impostas aos trabalhadores rurais, encontram-se a imposição de dívidas pelo transporte, alimentação e ferramentas de trabalho, a retenção de documentos de identidade e carteiras de trabalho, além de ameaças físicas e castigos por parte de guardas armados havendo casos até de assassinatos daqueles que tentam fugir (ESTERCI, 1999).

Segundo ainda dados das equipes de fiscalização (ESTERCI, 1999), 80% das pessoas resgatadas de situação de trabalho forçado não têm documentos oficiais, certidão de nascimento ou documentos de identidade. Alguns não figuram nas estatísticas oficiais da população ou não são objetos de qualquer programa social do Governo e, geralmente são analfabetos.

Da análise dos relatos das equipes de fiscalização do Governo Federal, bem como da atuação da Comissão Pastoral da Terra e demais ONGs e pesquisadores, foram descritos alguns passos adotados para se transformar o homem em escravo:

> Devido à seca, à falta de terra para plantar e de incentivos dos governos para fixação do homem no campo, aos altos juros do crédito agrícola, ao desemprego nas pequenas cidades do interior ou à convergência desses diversos fatores, o trabalhador acaba não vendo outra saída senão deixar sua casa em busca de sustento para a família.
>
> Ao ouvir rumores de que existe serviço farto em fazendas, mesmo em terras distantes, ele ruma para esses locais. Alguns vão espontaneamente. Outros são aliciados por "gatos" (contratadores de mão-de-obra que fazem a ponte entre o empregador e o peão). Estes, muitas vezes vêm buscá-los de ônibus ou caminhão — o velho pau-de-arara. O destino principal é a região de expansão agrícola, onde a floresta amazônica tomba diariamente para dar lugar a pastos e plantações. Pará e Mato Grosso são campeões em denúncias e resgates de trabalhadores pelo Ministério do Trabalho e Emprego. Há os "trecheiros" ou "peões do trecho" que deixaram sua terra um dia e, sem residência fixa, vão de trecho em

trecho, de um canto a outro em busca de trabalho. Muitos deles acabam se hospedando nos chamados "hotéis peoneiros", ficando dias até que algum gato venha buscá-los, compre suas dívidas e os leve às fazendas. A partir daí, tornam-se seus credores e devem trabalhar para abater o saldo. Muitos seguem contrariados por estarem sendo negociados. Mas há os que vão felizes, pois acreditam ter conseguido um emprego que possibilitará honrar seus compromissos e ganhar dinheiro.

Já na chegada, o peão vê que a realidade é bem diferente. A dívida que tem por conta do transporte aumentará em um ritmo constante, uma vez que o material de trabalho pessoal, como botas, é comprado na cantina do próprio gato, do dono da fazenda ou de alguém indicado por eles. Os gastos com refeições, remédios, pilhas ou cigarros vão para um "caderninho", e o que é cobrado por um produto dificilmente será o seu preço real. Um par de chinelos pode custar o triplo. Além disso, é costume do gato não informar o montante, só anotar. Pedro conta que um par de botas sai por R$ 25,00 na cantina da fazenda Nossa Senhora Aparecida. Uma rede, R$ 16,00 e uma foice, R$ 12,00. Material de trabalho que deveria ser entregue gratuitamente. Junto com o equipamento mínimo de segurança, que também não existia.

Meses de serviço e nada de dinheiro. Sob a promessa de que vão receber tudo no final, o trabalhador continua derrubando a mata, aplicando veneno, erguendo cercas e outras atividades degradantes e insalubres. Cobra-se pelo uso de alojamentos sem condições de higiene.

No dia do pagamento, a dívida do trabalhador é maior do que o total que ele teria a receber — isso considerando que o acordo verbal feito com o gato é quebrado, tendo o peão direito a um valor bem menor que o combinado. Ao final, quem trabalhou meses sem receber nada acaba devedor do gato e do dono da fazenda e tem de continuar suando para poder quitar a dívida. Se for necessário, até força física e armas são usadas para mantê-lo no serviço (SAKAMOTO, 2005).

Para compreender a nova forma de escravidão, é importante buscarmos seus antecedentes mais próximos, o que nos remete ao período da exploração da borracha no século 19 e mais recentemente à expansão da fronteira agrícola na Amazônia.

3.2. Fronteira Amazônica

A região amazônica possui uma extensão de 5.109.812 km^2, que corresponde a cerca de 60% do território nacional.[13] Por ser a maior parte dessa área coberta por florestas, com grande dificuldade de acesso, ficou por muitos anos posta à margem do interesse nacional. Essa situação, contudo, começou a se modificar quando foi verificada a possibilidade de exploração dos valiosos recursos naturais descobertos na região. Pode-se dizer que o marco inicial dessa fase foi a exploração do látex para a produção da borracha no final do século 19[14]. Essa exploração proporcionou grande desenvolvimento econômico para a região amazônica e possibilitou a geração de divisas para o país. Ao mesmo tempo, atraiu uma população miserável que buscava uma oportunidade de sustento, mas que acabou sendo explorada como escrava. Essa história de exploração econômica da Amazônia, como iremos verificar, foi acompanhada de violência e exploração do homem, situação que perdura até os dias de hoje.

Por muito tempo, a Amazônia permaneceu praticamente inexplorada. Conhecida desde o período colonial, a borracha da seringueira da Amazônia só começou a ser exportada no século 19, adquirindo importância econômica, sobretudo a partir da descoberta da vulcanização, em 1839.[15] Era o único lugar do mundo que fornecia a borracha, uma matéria-prima cada vez mais requisitada pelos países industrializados. Assim, a partir de 1840

---

(13) Informação disponível em <http://www.ada.gov.br/amazonia.asp>, acesso em: 28 maio 2006.

(14) A descoberta das propriedades do látex na fabricação da borracha e sua utilização em larga escala proporcionada pela revolução industrial.

(15) Em 1939, o americano Charles Goodyear descobriu a técnica de vulcanização o que permitiu o uso industrial da borracha, que até então era um artigo que agradava mais aos curiosos do que aos empresários, pois derretia no calor e tornava-se quebradiça no frio.

até 1920, a região foi tomada por um surto econômico que transformou as cidades de Manaus e Belém, modernizando-as e transformando Belém em um porto internacional. Pode-se dizer que o comércio da borracha amazônica foi um dos mais importantes *booms* exportadores da história da América Latina e dominou a vida econômica da Amazônia por, praticamente, 70 anos (WEINSTEIN, 1993). Durante esse período, a Amazônia foi responsável por quase 40% das exportações brasileiras.(16)

Atraídos pela riqueza que a borracha produzia e pressionados pela grande seca de 1877-1880, cerca de 300 mil nordestinos, vindos em sucessivas levas, chegaram à Amazônia incentivados pelo governo federal, que via nessa mobilidade uma forma de se livrar do problema social e de ocupar uma região considerada "desabitada" (PREZIA; HOOMAERT, 2000).

Destaca-se que o ciclo da borracha, com o desbravamento da Amazônia por nordestinos e índios, foi o primeiro grande empreendimento levado a efeito no Brasil sem o auxílio do braço escravo.(17) Todavia, o que parecia ser a solução de vários problemas como o povoamento da região e o fornecimento de mão-de-obra, acabou por se mostrar muito diferente. As seringueiras se espalhavam por toda a floresta, e os primitivos métodos de incisão matavam a planta em alguns anos, o que obrigou os seringueiros a se adentrarem cada vez mais na mata. Nesse trabalho, isolado dentro da selva, o seringueiro, imigrado do nordeste, viveu em condições de grande penúria, explorado pelo dono do seringal, dizimado por doenças e muitas vezes vítima de uma alimentação precária, pois todos estavam voltados para o recolhimento do látex(18). Esses trabalhadores viviam em regime de semi-escravidão, envolvidos em um sistema de dívidas, eram vigiados por pistoleiros

(16) Disponível em <http://veja.abril.com.br/idade/exclusivo/amazonia/curiosidades.html>, acesso em 14 abr. 2006.

(17) Disponível em < http://www.senado.gov.br/comunica/historia/extracao.htm>, acesso em: 20 abr. 2006.

(18) Tinham sido criadas as condições ideais para a exploração como a pobreza da população, o isolamento na selva e a fraude proporcionada pelas vendas em barracões, também chamadas de aviamentos.

contratados pelos fazendeiros que os impedia de abandonar o trabalho (CUNHA, 19??).[19]

Esse período de pujança econômica proporcionado pela extração do látex para a fabricação de borracha, perdeu sua hegemonia como fornecedor de matéria-prima quando os ingleses, após retirarem mudas da região, iniciaram uma plantação na Malásia (SANTOS, 1980). Acabou-se, assim o ciclo de exploração da borracha, com a redução da extração látex que passou a atender apenas o mercado interno, mas permaneceu na região uma população bastante carente e abandonada à própria sorte, pois o Estado, bem como as instituições que o compõem, não se fazia presente.

Na Segunda Guerra Mundial houve um novo momento de exploração da borracha da Amazônia, quando o Japão, que compunha os "países do eixo" juntamente com a Alemanha e a Itália, ocupou as plantações de seringais na Malásia. A grande demanda de borracha, explorada por americanos, provocou uma nova imigração de nordestinos. Desta vez, eram os chamados "soldados da borracha": sujeitos ao serviço militar que tinham que escolher entre lutar na guerra ou trabalhar como seringueiro. Esses soldados de borracha, estimulados a partir para a Amazônia para contribuir no esforço de guerra já tinham dívidas antes mesmo de começar a trabalhar. Eles tinham que entregar borracha em troca do equipamento e dos alimentos que precisavam. Mais uma vez envolvidos pelo "Sistema de Aviamento" ditado pelos seringalistas, esses soldados não conseguiam, em geral, dinheiro para voltar ao Estado de origem depois da guerra,[20] ficando, mais uma vez, abandonados à própria sorte.

Embora a borracha tenha sido uma grande fonte de riqueza para a região, o governo brasileiro ainda não havia dado a devida

(19) Euclides da Cunha, que tinha viajado pela região em 1905, descreveu a forma como o seringueiro era aliciado e obrigado a permanecer trabalhando na floresta, em condições sub-humanas, expostos a todo o tipo de perigo, envolvido em dívidas com os fazendeiros, pela venda de ferramentas, alimentação e transporte.

(20) Informação disponível em <http://www.amazonlink.org/ACRE/amazonas/seringueiros/rubber.htm>, acesso em: 14 abr. 2006.

atenção à Amazônia. Somente com a verificação de um grande potencial em riquezas minerais fez com que despertasse maior interesse do país à região. Assim, em 1953, o governo de Getúlio Vargas criou a Superintendência do Plano de Valorização da Amazônia (SPVA) — agência especial para o desenvolvimento econômico da Amazônia, mas foi com o governo militar implantado a partir de 1964 que se iniciou um novo momento para a região. Já com evidência de seu potencial, o novo governo, preocupado com o interesse internacional na Amazônia, passou a enxergá-la de um ponto de vista estratégico e deu prioridade ao seu desenvolvimento com o slogan: "integrar para não entregar" (BRETON, 2002, p. 58).

Em 1966, foi lançado pelo governo federal um desafio aos empresários conhecido como Declaração da Amazônia, que após realização de negociações bem-sucedidas elaboraram a declaração conjunta que iniciava da seguinte forma: "Governo e homens de empresa do Brasil, reunidos na Amazônia sob a inspiração de Deus, e norteados pelo firme propósito de preservar a unidade nacional [...]" (BRETON, 2002, p. 60). Para a execução de seus objetivos, o Banco de Crédito da Amazônia transformou-se em Banco da Amazônia, criou-se o Fundo para Investimento e Desenvolvimento da Amazônia – Fidam, que era um fundo de investimento privado para a região; e surgiu a Superintendência do Desenvolvimento da Amazônia – Sudam, no lugar da antiga SPVA, criada por Getúlio Vargas.

Nesse mesmo período, para a implementação do Estatuto da Terra, em vigor desde 1964, e organizar a política agrária, foram criados o Instituto Brasileiro para a Reforma Agrária, o Instituto Nacional para o Desenvolvimento Agrário e o Grupo Executivo para a Reforma Agrária. Seguindo a política de segurança e ocupação, o governo federal pretendia implementar uma série de planos de colonização em que previa o assentamento de famílias sem-terra da região Sul e Nordeste que trabalhariam em projetos agrícolas de pequena escala em áreas específicas com o apoio em infraestrutura e assistência técnica. Foi cogitada a possibilidade de assentar 5 milhões de colonos nordestinos na Amazônia, mas conseguiu-se levar 5 mil famílias para lá, dando terreno para plantar e salário mínimo durante os primeiros seis meses. Todavia, os colonos descobriram que a terra perdia a fertilidade em dois ou três anos e também que lá havia muita doença e muito isolamento[21]. As dificuldades encontradas na região em relação ao clima e ao solo, aliados à falta de infraestrutura e dificuldade de crédito, levou a uma grande desistência dos colonos, que em alguns casos chegou a 40% (BRETON, 2002).

Apesar do relativo sucesso com os assentamentos, havia um plano de desenvolvimento para a região que exigiria um grande investimento de capital em projetos com a parceria de grandes empresas e grupos econômicos. O governo militar pretendia transformar a Amazônia em grande pólo exportador de carne bovina e oferecia grandes empréstimos com condições bastante favoráveis para quem estivesse preparado para montar projetos pecuários (BRETON, 2002). Atraíram-se para lá grandes empresas, mas o resultado não foi o esperado, pois nem o capim nascia direito no solo pobre da região.

Para fazer jus às facilidades fiscais, as empresas eram obrigadas a desmatar o terreno, pois o desmatamento, critério usado até hoje, era a prova de produtividade para os órgãos do governo.[22] Assim, se uma propriedade tinha muita árvore, ela era considerada improdutiva, o que tornava necessário iniciar um processo de desmatamento na região. Para esse trabalho era necessária uma grande quantidade de mão-de-obra, que não era disponível na região. Inicia-se, assim, um novo ciclo de exploração do homem que persiste até os dias de hoje.

Apenas para citar alguns números em relação à área envolvida nesse projeto, podemos verificar que, por intermédio da Sudam, foram financiadas fazendas com média de 48 mil hectares, sendo que só no sul do Pará foram ocupados 3,8 milhões de hectares. Na

(21) Informação disponível em <http://veja.abril.com.br/idade/exclusivo/amazonia/curiosidades.html>, acesso em: 15 abr. 2006.

(22) <http://veja.abril.com.br/idade/exclusivo/amazonia/curiosidades.html>, acesso em: 14 abr. 2006.

metade da década de 1970 a Sudam já tinha aprovado 321 projetos com um investimento de US$ 523 milhões, o que representava uma média de US$ 1,220,000 por projeto. Dentre os projetos aprovados, destaca-se o da Fazenda Rio Cristalino, que pertencia à Volkswagen, que investiu 38 milhões de dólares de recursos próprios mais 116 milhões da Sudam (BRETON, 2002). Essa fazenda, em particular, foi alvo de denúncias de trabalho escravo, e a notícia teve repercussão internacional.

Desde o início da década de 1970, a igreja instalada na região começou a fazer denúncias da existência de trabalhadores em condições análogas à de escravo.

Em 1985, por meio de uma avaliação conjunta realizada pelo Instituto de Pesquisa Econômica Aplicada (Ipea), pelo Banco da Amazônia (Basa) e pela Sudam, verificou-se que não obstante a quantidade de dinheiro investida, o retorno em produção estava muito abaixo da expectativa. Feita inspeção em 33 projetos, verificou-se que apenas quatro funcionavam e também que muitas fazendas operavam com rebanhos fictícios, que eram levados de uma fazenda para outra pouco antes da chegada dos fiscais da Sudam (BRETON, 2002).

Ficou claro que a grande produção de gado de corte não era a prioridade dos empresários que buscaram auxílio financeiro do governo federal. Buscava-se apenas o lucro que poderia ser obtido por meio do investimento do governo federal.

A grande extensão territorial e a deficiência de fiscalização facilitaram a prática de abusos por parte de fazendeiros inescrupulosos que contratavam uma mão-de-obra aliciada por meio de empreiteiros conhecidos por “gatos” em regiões pobres do Norte e do Nordeste do País, mais precisamente no Maranhão e no Piauí, e os envolvia em dívidas como forma de fixação no local de trabalho.

Esses três momentos que representaram grande desenvolvimento econômico para a região têm em comum a triste marca do trabalho escravo que perdura até os dias de hoje.

3.3. Um caso de escravidão moderna no Brasil

O caso José Pereira é um entre muitos que acontecem no Brasil rural, principalmente na região amazônica.(23) É um exemplo de grave violação de direitos humanos cometida contra um grupo de trabalhadores e também da incompetência do Estado brasileiro em coibir essa prática e punir os responsáveis. Esse caso ganhou notoriedade após a denúncia realizada pela Comissão Pastoral da Terra com o Centro pela Justiça e o Direito Internacional perante a Comissão Interamericana de Direitos Humanos, que levou o Estado brasileiro a assinar, pela primeira vez, no ano de 2003, um acordo reconhecendo sua responsabilidade internacional pela violação de direitos humanos praticada por particulares.

Os fatos que marcaram o episódio tiveram início em setembro de 1989, quando José Pereira, então com 17 anos de idade, e seu companheiro de trabalho conhecido por Paraná fugiram dos maus-tratos e foram emboscados por funcionários da propriedade.

A história de José Pereira tem uma origem comum a tantos outros trabalhadores, que ao tentarem escapar à miséria do local onde vivem, saem em busca de um sonho de uma vida melhor e acabam sendo escravizados no interior do País. José Pereira, assim como outros trabalhadores que foram resgatados na Fazenda Espírito Santo, partiram de suas cidades em direção a Xinguara (PA), onde receberam uma proposta que lhes pareceu boa. O dono de uma pensão ofereceu-lhes hospedagem e comida e disse que poderiam pagar quando pudessem. Dias depois, um aliciador comprou a dívida de José Pereira e de outros companheiros hospedados e os levou a uma fazenda (MEDEIROS, 2006).

Embora não costumassem sofrerem agressões físicas, trabalhavam durante toda a semana sob vigilância armada e eram trancados no barracão na hora de dormir. Nesse mesmo local, havia mais 30 homens que trabalhavam com ele nas mesmas

(23) Há denúncias de ocorrências de graves violações na Região sul do Pará e norte do Mato Grosso. *Vide* Brinka Lê Breton, *Vidas roubadas*, 2002.

condições. O trabalho era de roça de capim destinado à preparação de pasto para o gado criado na fazenda. José Pereira explica que o "gato" dizia que estavam devendo muito, que trabalhavam, mas não sabia o valor que iriam receber, nem das coisas que compravam no armazém instalado na própria fazenda. Fez amizade com um colega de trabalho conhecido por Paraná e decidiram tentar uma evasão do local, pois perceberam que não poderiam continuar trabalhando por muito tempo naquelas condições (SAKAMOTO, 2004).

Todavia, como pode ser apreciado em seu depoimento, a tentativa de fuga teve conseqüências graves:

> José Pereira — E, aí, nós fugimos de madrugada, numa folga que o gato deu. Andamos o dia todo dentro da fazenda. Ela era grande e tinha duas estradas, mas a gente só sabia de uma. Nessa, que a gente conhecia, eles não passavam. Mas já tinham rodeado pela outra e botado trincheira na frente, tocaia, né. Não sabíamos... Mais de cinco horas passamos na estrada, perto da mata. E quando saímos da mata, fomos surpreendidos pelo Chico, que é o gato, e mais três, que atiraram no Paraná, e ele caiu morrendo. Eles foram buscar uma caminhonete e, com uma lona, forraram a carroceria. Aí colocaram o Paraná de bruços e me mandaram andar. Eu andei uns 10 metros e eles atiraram em mim.
>
> [...]
>
> José Pereira — É. Acertou meu olho. Pegou por trás. Aí eu caí de bruços e fingi de morto. Eles me pegaram também e me arrastaram, me colocaram de bruços, junto com o Paraná, me enrolaram na lona. Entraram na caminhonete, andaram uns 20 quilômetros e nos jogaram na rodovia PA-150, em frente da fazenda Brasil Verde. O Paraná estava morto. Eu me levantei e fui para a Brasil Verde. Procurei socorro e o guarda me levou ao gerente da fazenda, que autorizou um carro a me deixar em Xinguara, onde fui hospitalizado (SAKAMOTO, 2004).

Após o atendimento em Xinguara, José Pereira foi à Belém fazer um tratamento no olho (sem que conseguisse recuperar a visão) e denunciou o trabalho escravo na fazenda Espírito Santo à Polícia Federal.

A Fazenda Espírito Santo já havia sido denunciada desde 1987 pela prática de trabalho escravo pela Comissão Pastoral da Terra. Após o episódio ocorrido com José Pereira e seu companheiro "Paraná", a polícia federal foi à fazenda para investigar os fatos um mês depois do ocorrido somente devido à insistência de ativistas de direitos humanos ao governo central em Brasília.(24)

José Pereira voltou à fazenda acompanhando a diligência da polícia, que, ao chegar ao local, encontrou cerca de 60 trabalhadores vivendo nas mesmas condições a que havia sido denunciada. Após a interferência da autoridade policial, foi feito o acerto das contas e pago o dinheiro da passagem daqueles trabalhadores que foram deixados às margens da rodovia que cortava a região. Contudo, os responsáveis não foram encontrados, pois trataram de sumir dali ao saberem que José Pereira não estava morto (SAKAMOTO, 2004).

A Comissão Pastoral da Terra acompanhou o caso desde o início e diante da falta de solução, decidiu denunciar o Estado brasileiro, com a Cejil, perante a Comissão de Direitos Humanos da Organização dos Estados Americanos com sede em Washington, apontando o desinteresse e ineficácia nas investigações e nos respectivos processos sobre os crimes cometidos. Nesse documento, informaram que, embora tenha sido dado início às investigações em 1989, até fevereiro de 1994 (transcorridos mais de quatro anos dos fatos) o caso apenas tinha sido levado pelo procurador federal perante o juiz para instaurar ação penal correspondente. Com nova petição formulada em 26 de maio de 1996, assinalaram que além da contínua ineficácia dos recursos internos, as provas do caso estavam deteriorando tendo em vista o transcurso de seis anos do ocorrido sem que fosse concluído o processo penal. Em 1998, indicaram que houve excessiva demora, visto

(24) SECRETARIA GERAL DA ORGANIZAÇÃO DOS ESTADOS AMERICANOS, WASHINGTON. Relatório de solução amistosa. n. 95/03 caso n. 11.289, José Pereira/Brasil. Disponível em <http://www.pgr.mpf.gov.br/pgr/pfdc/informativos/2004/10/anexo_10.pdf>, acesso em 15 dez. 2005.

que o caso esteve em etapa de instrução por quatro anos até 1993, e as alegações finais somente foram apresentadas em maio e julho de 1997 pelo Ministério Público perante a Vara Única de Marabá. Foram denunciadas cinco pessoas (o empreiteiro e os vigilantes) pelos crimes de tentativa de homicídio e redução à condição análoga à de escravo e o gerente da fazenda por redução à condição análoga a escravo. As peticionárias informaram que o processo foi dividido em dois: um contra o gerente e outro contra os outros réus. O gerente foi condenado em 29 de abril de 1998 a dois anos de reclusão, podendo ser substituídos pela prestação de serviços comunitários durante dois anos, mas a pena não pôde ser executada, pois o crime havia prescrito. Quanto aos outros réus que estavam foragidos, em 21 de outubro de 1997, foi prolatada a decisão no sentido de que estes fossem julgados pelo Tribunal de Júri Federal, e foi decretada prisão preventiva, a qual não foi executada.[25]

Diante da evidência dos fatos, e em resposta à pressão internacional, em 18 de setembro de 2003, os peticionários e o Estado assinaram um acordo de solução amistosa, onde o governo brasileiro reconheceu a responsabilidade perante a comunidade internacional e foi estabelecida uma série de compromissos relacionados ao julgamento e sanção dos responsáveis, medidas pecuniárias de reparação, medidas de prevenção, modificações legislativas, de fiscalização e sanção e medidas de sensibilização contra o trabalho escravo (AUDI, 2006).

Naquele mesmo ano, foi enviado ao Congresso um projeto de lei prevendo uma indenização de R$ 52 mil a José Pereira, e no mesmo ano foi aprovado e convertido na Lei n. 10.706 que autoriza o pagamento. Das principais propostas contidas no acordo, a punição dos responsáveis não foi cumprida porque houve prescrição em relação ao crime praticado pelo gerente e os acusados continuam foragidos. E em relação à adoção de medidas legislativas, embora tenha sido lançado no mesmo ano o Plano Nacional

(25) SECRETARIA GERAL DA ORGANIZAÇÃO DOS ESTADOS AMERICANOS, WASHINGTON. Relatório de solução amistosa. n. 95/03 caso n. 11.289 José Pereira/Brasil. Disponível em <http://www.pgr.mpf.gov.br/pgr/pfdc/informativos/2004/10/anexo_10.pdf>, acesso em 15 dez. 2005.

para Erradicação do Trabalho Escravo e ocorrida a alteração do art. 149 do Código Penal, que trata da condição análoga à escravo, ainda falta a alteração de um importante dispositivo constitucional contido na Proposta de Emenda Constitucional 438, a qual prevê a expropriação das terras onde for constatada a ocorrência de trabalho escravo. Além disso, ainda há divergência quanto a competência criminal para julgar esses crimes. O Supremo Tribunal Federal está para decidir um recurso extraordinário que poderá definir a competência, mas até o momento não foi julgado. Há uma grande expectativa por parte dos defensores de direitos humanos para que se torne de competência da Justiça Federal, sendo que a própria OIT, em seu relatório global (ORGANIZAÇÃO, 2005), chamou a atenção no sentido da federalização desse tipo de crime como um grande passo para a erradicação do problema.

Esse caso é uma demonstração da crueldade do tratamento a que trabalhadores têm sido submetidos, bem como do sentimento de impunidade que predominava entre aqueles que cometeram os diversos crimes relatados. A dimensão da propriedade e a inexistência do poder público atuando no local por meio de fiscalização facilita esse tipo de comportamento. Os trabalhadores ficam abandonados à própria sorte e ficam à mercê daqueles que os contrataram. Como esses contratos são em grande parte de caráter temporário, ao término do período trabalhado alguns conseguem saldar sua dívida com o empreiteiro e podem voltar para suas casas até à próxima temporada. Contudo, se fica doente e tem que comprar algum remédio, por exemplo, sua dívida vai aumentando e o trabalhador tem que permanecer até ter condições de saldá-la.

Na situação posta à análise não é difícil concluir que se tratava de uma verdadeira escravidão. Mas há situações em que a cobrança é sutil e uma definição mais precisa da escravidão contemporânea poderá ser a diferença entre a punição efetiva com a perda de propriedade, no caso da aprovação da PEC n. 438 e condenação criminal ou a impunidade.

Capítulo 4

CONCEITUAÇÃO DO TRABALHO ESCRAVO

4.1. O Termo Escravidão

A idéia que nos traz os termos *escravo* e *escravidão* era designado pelos romanos como *servitus* e *servus*. Na transição da Antigüidade para a Idade Média, após uma grande redução que quase levou ao desaparecimento, a servidão ressurgiu na Europa, com a sociedade modelada pelo feudalismo (GORENDER, 1985).

Assim, o escravo antigo, que os romanos chamavam *servus*, não mais existia, exceto, de modo residual, sobretudo como escravo doméstico, na Bacia do Mediterrâneo ou com pequena incidência em núcleos isolados (GORENDER, 1985).

Contudo, na maior parte dos territórios pertencentes ao extinto Império Romano Ocidental, fora substituído por uma nova categoria social de trabalhador explorado, que era a do camponês ligado à terra e submetido ao senhorio feudal (DOBB, 1971).

Em várias línguas modernas, entretanto, este camponês e sua condição foram designados por termos diretamente derivados da palavra latina *servus*: em inglês, *serf* e *serfdom*; em francês *serf* e *servitude* ou *servage*; em italiano *servo* e *servitú* ou *servaggio*; em espanhol, *siervo* e *servidumbre*; em português, *servo* e *servidão* (DAVIS, 2001). Em nenhuma destas línguas, existiam os termos correspondentes a escravo e escravidão.

Tal confusão entre duas categorias sociais não era apenas lingüística, mas também se manifestou na teoria jurídica. Os juristas medievais transplantaram as normas do direito escravista romano e as aplicaram ao servo feudal, inclusive as de absoluta autoridade do senhor e de livre alienabilidade como propriedade móvel e venal (DAVIS, 2001). Todavia, a teoria jurídica não correspondia à essa nova categoria social do servo da gleba, às suas relações econômicas concretas.

Esse é um dado importante para que não cometamos o mesmo equívoco. Não há dúvida que o estudo das instituições precedentes são importantes porque a história é uma construção constante e não avança por saltos, mas deve-se atentar com a realidade social do momento que será aplicado.

Segundo *Charles Verliden*, o termo *sclavus* surgiu entre os germanos, num limitado período dos séculos 10 e 11, aplicado aos cativos de origem *eslava*, trazidos do Oriente europeu. Sclavus (em alemão, Sklave) indicava, portanto, o cativo estrangeiro, procedente de país eslavo, e o distinguia do *servus*, da própria nacionalidade germânica. O novo termo morreu com aquele tráfico de eslavos vendidos na Alemanha. Quando, porém, no século 13, os venezianos e genoveses passaram a carrear à Bacia do Mediterrâneo um fluxo constante de nativos do Mar Negro, o termos *sclavus* lhes foi aplicado de novo e se tornou de uso corrente na Itália. Daí se estendeu a outros países do Ocidente, sendo adotado nos textos franceses e ingleses a fim de distinguir os servos nativos dos cativos estrangeiros. De fato, porém, a distinção, inicialmente relativa apenas a uma diferença étnica, se converteu em distinção entre categorias sociais, num processo demorado e irregular acompanhado por *Marc Bloch* (FINLEY, 2001).

Na península Ibérica, os termos *captivus* e *sarracenus* gradualmente substituíram o termo *servus*, o que se explica pelo número crescente de muçulmanos reduzidos ao cativeiro durante a Reconquista Cristã. Mas o tráfico de cativos dos países eslavos introduziu o termo *sclavus* também na Espanha, durante o século 14. Em Portugal, é no século 15 que o novo termo escravo se generaliza, significativamente, comenta *Brion Davis* (2001), num momento em que começava a tomar corpo o tráfico de negros. Igualmente aqui, a distinção de origem étnica ou racial adquiriu conteúdo social.

O atraso da evolução lingüística com relação à evolução social não foi sem causa propriamente sociológica. A servidão dos princípios da Idade Média, assinalou *Engels*, ainda continha muito de escravidão. Entre o escravo antigo e o servo da gleba houve não somente sucessão histórica, mas alguma similitude de características, o que explica a identidade de designação léxica e o esforço dos juristas no sentido de transplantar o direito escravista romano à nova realidade da servidão feudal. No entanto, o feudalismo europeu veio a transcender a servidão da gleba e, na verdade, seu período de maior florescimento se verificou sem ela, com os camponeses vilãos isentos da adscrição e submetidos a uma forma de servidão mais branda, restrita aos encargos senhoriais impostos pelo usufruto da terra, e a algumas outras obrigações ligadas ao *status* pessoal. Com semelhante evolução, a distinção entre o feudalismo e escravismo se tornou por inteiro nítida.

4.2. A Idéia da Liberdade

Ao tratarmos do tema escravidão, imediatamente nos vem a idéia de coerção e falta de liberdade. Mesmo que encontremos indícios da existência de escravidão desde a Antigüidade, é importante lembrar, para uma avaliação mais adequada desse fenômeno, que a condição humana naquele período era bastante diversa da que vivemos nos dias de hoje.

A questão da liberdade não foi um tema de que os filósofos antigos se ocupassem. Pode-se afirmar que desde os pré-socráticos até *Plotino*, o último filósofo da Antigüidade, esse tema não foi levado à discussão, aparecendo apenas na tradição judaico-cristã, que influenciou a civilização ocidental, com a conversão religiosa de *Paulo de Tarso*, e depois em *Agostinho* (ARENDT, 2000). Por outro lado, podemos constatar que vários filósofos antigos trataram do tema "escravidão", visando à busca de suas origens, e discutiram as ambigüidades das distinções sociais opostas às naturais (DAVIS, 2001). *Aristóteles*, por exemplo, tentou demonstrar que a antítese senhor-escravos era um dado da natureza, ou seja, da mesma maneira que alguns eram senhores por natureza, outros haviam nascido para ser escravos (AUSTIN; VIDAL-NAQUET, 1972).

Acreditava-se que "o escravo natural" não podia ser feliz com a liberdade, visto que não tinha "faculdade deliberativa", mas alguns homens que nasceram livres e virtuosos, mas foram escravizados em conseqüência de uma guerra, não podiam ter o mesmo interesse que seus senhores. Mas, diante da dificuldade de definir o que seriam os escravos naturais, acredita-se que *Aristóteles*, e posteriormente os estóicos, concluiu que as distinções externas não tinham nenhum significado (DAVIS, 2001).

Para o pensamento da época, o verdadeiro escravo era um homem ignorante a respeito do que era permitido e proibido pela lei natural. Assim, um grande rei podia ser escravo, e um homem em cativeiro podia ser um homem livre (DAVIS, 2001).

Esse pensamento nos leva a deduzir que havia uma aceitação da desigualdade dos homens e ainda que a liberdade de alguns não poderia ser concebida sem a escravidão de outros, pois esses dois extremos, antes de serem contraditórios, eram, na verdade, complementares e independentes (AUSTIN; VIDAL-NAQUET, 1972).

Segundo *Hannah Arendt* (2000, p. 194-195):

> "Antes que se tornasse um atributo do pensamento ou uma qualidade da vontade, a liberdade era entendida como o estado do homem livre, que o capacitava a se mover, a se afastar de casa, a sair para o mundo e a se encontrar com outras pessoas em palavras e ações."

Mas para o gozo dessa liberdade, havia a necessidade de uma "liberação" prévia, ou seja, para ser livre, o homem precisaria se libertar das necessidades da vida (ARENDT, 2000).

Ao estudar a formação da sociedade grega na Antigüidade, observamos que, paradoxalmente, para se libertar das necessidades da vida, o homem se utilizava de escravos (ARENDT, 2004).

Essa conduta era justificada pelos filósofos como um fato natural da vida, pois aqueles que estavam sob dominação eram homens brutos que deveriam ser civilizados (DAVIS, 2001).[1]

Para os antigos, além da mera liberação, a idéia de liberdade só fazia sentido na companhia de outros homens que estivessem na mesma condição e era exercida em um espaço público comum, no qual cada homem livre poderia inserir-se por palavras e feitos (COULANGES, 2005).

Como ainda observa *Hannah Arendt* (2000, p. 194-195), "nem toda forma de inter-relacionamento humano e nem toda espécie de comunidade se caracteriza pela liberdade". Nas sociedades tribais ou na intimidade do lar, onde os homens convivem, mas não constituem organismo político, o fator que rege suas ações e sua conduta não é a liberdade, mas as necessidades da vida e a preocupação com a preservação.

Até então, podia-se afirmar que a liberdade era relativa, visto que as pessoas eram livres apenas dentro de sua comunidade.

> A participação na tribo era a condição da vida. A integração e não a autonomia, nas relações de uns com os outros, era a condição de sobrevivência. Sob pena de perecerem todos, deveria a tribo ser a si bastante, em todos os sentidos, constituir o que os gregos viriam a chamar autarquia, para cuja consecução, exatamente, é que se impunham os deveres. Antes a comunidade que o indivíduo devia ter autonomia. Este seria autônomo na medida em que participasse de uma comunidade autônoma (BARROS, 2003, p. 63).

Nas formações sociais do tipo comunitário, há, normalmente, papéis rígidos a serem cumpridos perante a sociedade, que são iniciados no âmbito familiar (COULANGES, 2005). Fora dessa comunidade o homem não tem liberdade.

Embora possamos apreciar sob diversos aspectos, *Hannah Arendt* (2000, p. 191), afirma que o campo em que a

(1) Davis cita Platão, entre os antigos, que insinuara que "a escravidão era parte do grande esquema da ordem e do governo divinos, uma força disciplinadora que restringia o fluxo subterrâneo do mal e da rebelião".

liberdade sempre foi conhecida como um fato da vida cotidiana é a política:

> É interessante notar que, historicamente, o aparecimento do problema da liberdade na filosofia de Agostinho foi precedido da tentativa consciente de divorciar da política a noção de liberdade, de chegar a uma formulação através da qual fosse possível ser escravo no mundo e ainda ser livre.

Corroborando a idéia de *Hannah Arendt*, encontramos a menção de *David Brion Davis* a *Fílon* e *Dion Crisóstomo*, sofista grego nômade, que no período helenístico tentaram relacionar a escravidão ao progresso do espírito humano e, segundo esse mesmo autor, os dois filósofos "concordaram que os homens naturalmente amam a liberdade e consideram a escravidão vergonhosa e degradante" (DAVIS, 2001, p. 98), mas "a dificuldade era que os homens comuns não compreendiam o que as palavras realmente significavam". (DAVIS, 2001, p. 98).

Com o advento do cristianismo, a idéia de igualdade entre os homens foi difundida, abrindo caminho para a abolição da escravatura (DAVIS, 2001). Descreve *David Brion Davis* que alguns dos primeiros cristãos, ao se converterem, desistiram de sua propriedade e alforriaram seus escravos (DAVIS, 2001), contudo, naquele momento, prevaleceu a idéia de que o senhor deveria tratar o escravo com mais humanidade e este deveria resignar-se, aceitando sua condição, a fim de alcançar uma liberdade maior (DAVIS, 2001).

Mesmo na Idade Média, a discussão da liberdade em Agostinho não leva a uma discussão pelo fim da escravidão. Dizia-se que o homem era escravo do desejo e isso é que deveria ser combatido.

David Brion Davis (2001) afirma que Santo Ambrósio, Santo Isidoro de Sevilha e, principalmente, Santo Agostinho consideravam a escravidão, ao lado de todos os instrumentos de coerção e de governo, como parte da punição pela queda do homem do estado de graça.

Assim, podemos verificar que o cristianismo provocou algumas contradições, pois, por um lado, trazia a idéia de igualdade entre os homens que remetiam a um movimento abolicionista e de outro desenvolvera a idéia surgida na Antigüidade para justificar a escravidão, como forma de "punição resultante do pecado ou de um efeito natural da alma que impedia uma conduta virtuosa" (DAVIS, 2001, p. 109).

Vale, todavia, destacar que até o século 17I não havia o conceito de indivíduo, como uma personalidade independente do grupo social a que está ligado, pois esse conceito surgiu apenas com os Iluministas e foi difundido com a Revolução Francesa. A sociedade antiga era regida por princípios coletivistas, assim a idéia de liberdade seguia a mesma lógica (BARROS, 2003). Como destaca *Sérgio Resende de Barros* (2003, p. 59), a "liberdade jurídica principiou na conversão da liberdade das selvas na liberdade da casa e da cidade, traduzida na participação da tribo no poder da *polis* ou *civitas* em que ela se estabeleceu ao se sedentarizar".

Comparando a liberdade dos antigos com a dos modernos, *Benjamin Constant* (REBECQUE *apud* BOBBIO, 1996, p. 63), entende que a finalidade dos antigos era a "distribuição do poder social entre todos os cidadãos de uma mesma pátria" e chamavam isso de liberdade. Já a finalidade dos modernos é a "segurança nos gozos privados", denominado liberdade às garantias concedidas pelas instituições a esses gozos.

Assim, a forma de liberdade dos antigos estaria circunscrita à participação do poder político e os modernos ao gozo privado de alguns bens fundamentais para a segurança da vida e o desenvolvimento da personalidade humana, como as liberdades pessoais, a liberdade de opinião, de iniciativa econômica, de reunião e similares (BOBBIO, 1996).

Norberto Bobbio (1996, p. 63), sem a intenção de contrariar o pensamento de *Benjamin Constant*, entende que embora o ideal de liberdade moderna possa ser identificado com os "gozos privados de alguns bens fundamentais para a segurança da vida"

— ao que denomina de "liberdade negativa" —, a liberdade de participação política — denominada "liberdade positiva" —, não pertence apenas aos antigos, mas muito mais aos modernos, haja vista a participação que se realiza de forma gradual até o sufrágio universal masculino e feminino.

Observa-se que a escravidão é incompatível com a idéia da liberdade moderna, descrita por *Benjamin Constant* e *Norberto Bobbio*. Neste ponto, a legislação penal brasileira, quando coloca o crime de redução à condição análoga a escravo no capítulo da liberdade individual, está em consonância com essa idéia.

Negar o direito a essa liberdade é o mesmo que negar a condição humana do escravo. Assim, se a escravidão moderna já era contraditória com os ideais iluministas de "Liberdade, Igualdade e Fraternidade", a persistência nos dias de hoje sob quaisquer formas é inaceitável.

Ao nos depararmos com certas situações de trabalhos forçados ou de trabalho em condição de escravidão encontradas nos dias de hoje, podemos restabelecer a idéia do "escravo natural" como clara demonstração de um retrocesso da civilização. Ou ainda, chegarmos à conclusão que a humanidade não progrediu. Os trabalhadores que são submetidos a essa situação degradante não têm os seus direitos mínimos respeitados e quando seus empregadores são levados aos tribunais, o argumento de defesa utilizado com freqüência é que se trata de mera infração administrativa.

A falta de instrução e baixa qualificação desses trabalhadores, além de seu estado de miserabilidade, acabam por condená-los a uma condição de "escravo em potencial", que seria algo semelhante ao "escravo natural", com as devidas proporções.

4.3. Escravo Como Objeto e Sujeito de Direito

Assim que a escravidão saiu da fase embrionária e mais ou menos acidental nas comunidades primitivas, ganhando, na sociedade já dividida em classes, contornos definidos e institucionalizados, a tendência dos senhores de escravos foi a de vê-los como animais de trabalho, como *instrumentum vocale*.

A condição do escravo comparada ao animal já era encontrada em escrituras sagradas como o Eclesiático que comparou o escravo ao asno.

Em Roma, na formação da sociedade, o *Pater Famílias*, como já vimos, era o único que se relacionava com o Estado. Tinha direito absoluto em sua propriedade; assim, se um escravo cometesse algum crime, o Estado não poderia puni-lo, mas o seu senhor tinha total disposição de sua vida, podendo torturá-lo e até matá-lo (FINLEY, 1991).

A Lei Aquiliana, em Roma, ao tratar do crime de morte de escravo alheio, equiparou-o à de um quadrúpede doméstico, para efeitos de ação judicial de indenização do proprietário lesado. Nesse mesmo sentido, há mais de mil anos à frente, as Ordenações portuguesas — Manuelinas e Filipinas — juntaram num mesmo título o direito de enjeitar escravos e bestas por doença ou manqueira, quando dolosamente vendidos, indicando a forma como eram tratados os escravos, equiparados a um animal irracional. Aliás, conforme destaca *Gorender*, no período da colonização do Brasil "era usual a prática de marcar o escravo com ferro em brasa como se ferra o gado". Outra demonstração de completo desprezo pela vida do escravo era o ato matar escravos de um inimigo por vingança, "como se matasse seu gado" (GORENDER, 1985, pp. 59-61).

Contudo, já nos meados do século 19, quando os escravos começaram a se insurgir, houve relatos de assassinatos dos senhores para ficar sob custódia do Estado. Tratava-se de uma situação inusitada em que o cativo, ao cometer um crime contra seu senhor, obtinha uma tutela do Estado, privando a vítima, ou sua família do uso e gozo de sua propriedade (o escravo), pois este ficava "livre do trabalho" para o seu senhor (GORENDER, 1985).

4.4. Algumas Dificuldades Conceituais

A forma de trabalho involuntário, fruto da coerção, sob o pretexto da dívida, que ocorre predominantemente na zona rural, tem sido identificado por defensores dos direitos humanos, sindicalistas, jornalistas e mesmo por funcionários do Estado como "trabalho escravo". Essa mesma forma de trabalho é reconhecida por alguns recrutados para as fazendas do sudeste do Pará ou por seus parentes, como trabalho "humilhado" ou "cativo" (FIGUEIRA, 2004, p. 33). Essa "escravidão contemporânea" por dívida distingue-se das formas anteriores porque em geral é de curta duração, ilegal, não é fruto de uma guerra e nem sempre é motivada por um seqüestro.

Como já dito, a definição de trabalho escravo não é utilizada de forma unânime e pode variar conforme a região. A OIT, por exemplo trata de trabalho forçado, o que denominamos de escravo no Brasil (ORGANIZAÇÃO, 2005). No relatório global publicado em 2005, ao fazer a comparação do trabalho forçado e escravidão, ficou definido que a escravidão é uma forma de trabalho forçado que implica o controle absoluto de uma pessoa por outra ou, em outras ocasiões, um grupo social por outro.

O padre Ricardo Rezende, que trabalhou por muitos anos no sul do Pará, explica que as diversas entidades de direitos humanos, sindicatos e servidores públicos que atuam na fiscalização do trabalho, quando utilizam a categoria escravo para a região estão se referindo a um "modelo de trabalho temporário sob coerção com o pretexto de dívida, existente com muita regularidade em empresas agropecuárias, principalmente desde os anos 1960." Essa forma de trabalho tem maior incidência quando as fazendas estão derrubando as árvores para plantar capim erguendo, recuperando ou protegendo cercas e pastos ou executando diversas dessas atividades simultaneamente (FIGUEIRA, 2004, p. 34).

Para *José de Souza Martins*, escravo é quem não é senhor de si mesmo; é um dependente de outro e também sua propriedade. O típico escravo pode ser comprado e vendido, independentemente de querer ou não. "Ele é uma mercadoria como qualquer outra, destituído de vontade própria, como um par de sapatos, uma camisa, um carro, um boi" (MARTINS, 1999, p. 161). Um trabalhador livre vende sua força de trabalho, em tese por sua própria vontade. Há aí, diferente do que ocorria na escravidão negra, uma clara separação entre o trabalhador e sua força de trabalho.

Assim, teríamos, inicialmente, a força de trabalho objeto do próprio trabalhador, que pode e deve vendê-la a quem possa e queira comprá-la. Na escravidão, o trabalhador e a força de trabalho não estavam separados. A própria pessoa do trabalhador era objeto, coisa de outrem. Por isso, o fazendeiro que tivesse necessidade de força de trabalho [...] tinha de comprar o trabalhador (MARTINS, 1999, p. 160-161).

Souza Martins (1999, p. 127-164), acredita que:

> [...] no caso brasileiro, a escravidão (atual) não se manifesta direta e principalmente em más condições de vida ou em salários baixos ou insuficientes. O núcleo dessa relação escravista está na violência em que se baseia, nos mecanismos de coerção física e às vezes também nos mecanismos de coerção moral utilizados por fazendeiros e capatazes para subjugar o trabalhador.

Dessa forma, ele considera que um trabalhador, como um taxista, por exemplo, que tenha que pagar parte de sua corrida diária para o proprietário do veículo pode ser um trabalhador escravo, pois entende a ocorrência de escravidão quase como acidental, ou melhor, um acréscimo que não é determinante, como nos casos em que o trabalhador, por não receber o salário que lhe é devido e por estar trabalhando em local que representa confinamento (caso da mata nas extensas fazendas da Amazônia), fica materialmente subjugado ao patrão e impossibilitado de exercer seu direito de homem livre e igual, que está no direito de ir e vir, direito de sair de um emprego e ir para outro.

Ao analisar a situação fática posta, devemos atentar para a coerção física e moral que cerceia a livre opção e a livre ação do trabalhador, eis que pode haver escravidão mesmo em circunstância onde o trabalhador não tenha consciência dela.

Fazendo uma análise jurídica *Ela Wiecko de Castilho* (1999, p. 93), entende que é preciso incluir na conceituação dos crimes as práticas que atentam contra a dignidade da pessoa, pois "não se trata de proteger a liberdade individual, mas a dignidade da pessoa humana", e que dessa forma é possível estabelecer um conceito mais amplo e mais apropriado à efetiva repressão das formas contemporâneas de escravidão.

Há uma grande dificuldade em definir o que seja a escravidão atual que não se restringe a acadêmicos, mas também juízes, promotores, funcionários das delegacias do trabalho que muitas vezes não encontram indícios de trabalho escravo em situações nas quais, para outros eram evidentes.

Mesmo os membros da Secretaria de Fiscalização do Trabalho (Sefit) tinham dúvidas em como distinguir trabalho escravo de trabalho forçado e degradado. Uma pessoa que coordenava um dos seis grupos especiais de fiscalização móvel do país distinguia, sem muita certeza, trabalho escravo de trabalho forçado pela violência física. O primeiro teria a violência, o segundo não. Outra, também coordenadora, fazia as seguintes distinções: trabalho escravo é aquele no qual a vítima é obrigada a trabalhar sem nenhum direito; a carteira profissional não é assinada, não há contrato escrito de trabalho, não se recebe salário etc. Já o trabalho forçado se dá quando há coação para o trabalho mas se respeitam algumas leis. Degradante, quando aparentemente tudo está legalizado mas se expõe a saúde física e social do trabalhador impondo — por exemplo — uma jornada excessiva (FIGUEIRA, 1999).

Em entrevista feita em janeiro de 2005 com o delegado da Polícia Federal de Piracicaba, Dr. Mário Alexandre Veloso Aguiar, que atua no Grupo de Combate ao Trabalho Escravo, considerou a existência de trabalho escravo na região na medida em que os trabalhadores, ao se endividarem, não tinham meios de retornar aos seus locais de origem. Embora não houvesse encontrado pessoas armadas nas propriedades fiscalizadas, entendia que aqueles trabalhadores estavam impedidos de se locomoverem, de exercerem o direito de ir e vir, caracterizando-se, assim, o trabalho escravo.

Para a procuradora *Ela W. de Castilho* (1999, p. 86), em uma análise da legislação, afirma que:

> [...] o trabalho forçado era tratado no âmbito do Ministério Público sob a ótica criminal e sob a ótica dos direitos humanos. Do ponto de vista criminal, situações denunciadas sob o nome genérico de trabalho escravo são enquadráveis nos tipos penais previstos nos arts. 197, 203, 207 e 149 do Código Penal. Trata-se de atentado contra a liberdade do trabalho, frustração do direito assegurado por lei trabalhista, aliciamento de trabalhadores de um local para outro do território nacional e redução a condição análoga à de escravo.

Destaca-se na observação feita por *Castilho* (1999) o fato de haver uma série de situações em que se utiliza o nome genérico de trabalho escravo e a legislação nacional, na esfera penal prevê o crime de redução a condição análoga a escravo, como crime contra a liberdade individual.

Observa-se que a idéia da analogia não é adequada para se definir um crime, pois abre um amplo espectro de interpretação, o que pode favorecer a impunidade.

Alguns doutrinadores defendem a utilização da expressão consagrada nos instrumentos internacionais como as convenções da OIT, como trabalho forçado, até porque seria mais abrangente que o trabalho escravo e também faria a distinção da escravidão já abolida pela Lei Áurea (CASTILHO, 1999).

No entanto, embora haja a tipos penais específicos para a conduta, muitas vezes o proprietário rural que se utiliza da mão-de-obra "escrava" consegue escapar à aplicação da lei com o argumento que não era proprietário daquelas pessoas e nem o menos as empregava, não reconhecendo os fatos ocorridos em sua fazenda, pois quem contratava era o empreiteiro, mais conhecido como "gato". Nota-se que a própria Lei do trabalho Rural, Lei n. 5.889/1973, facilita esta conduta na medida em que reconhece a figura do empreiteiro no processo de intermediação da mão-de-obra.

Nesse sentido é o artigo 4º da Lei n. 5.889/73, *in verbis*:

> "Art. 4º Equipara-se ao empregador rural, a pessoa física ou jurídica que, habitualmente, em caráter profissional, e por conta de terceiros, execute serviços de natureza agrária, mediante utilização do trabalho de outrem."

A par das dificuldades encontradas, e divergências doutrinárias, a expressão trabalho escravo vem se consagrando no Brasil, haja vista o compromisso assumido pelo governo federal em 2003 com o lançamento do Plano Nacional de Erradicação do Trabalho Escravo e, naturalmente, não há referências à condição da escravidão já abolida, mas das formas de exploração ainda existentes no país. A própria Organização Internacional do Trabalho, em seu último relatório, reconhece que o Brasil trata das situações previstas como trabalhos forçados nas convenções internacionais, como "trabalho escravo" (ORGANIZAÇÃO, 2005, p. 46).

Assim, podemos afirmar que quando se fala em trabalho escravo no Brasil contemporâneo, está se referindo à condição de exploração da pessoa, onde esta é coagida a prestar serviços de qualquer natureza em condições degradantes, sem que possa modificar essa situação. Como iremos observar adiante é que a dívida é a forma mais comum de coerção.

4.5. A Dívida Como Forma de Coerção

Uma característica comum da escravidão na zona rural é a existência da dívida como forma de coerção. É um fator tão forte que muitas vezes não é necessário utilizar nem a arma para subjugar o outro.

Conforme relata *Ricardo Rezende Figueira*, a maioria dos entrevistados do Piauí e do Mato Grosso (2000 a 2002), diante da pergunta sobre a dívida, respondeu com ênfase sobre a necessária responsabilidade em saldá-la (FIGUEIRA, 2004).

Esterci, confirma uma visão expressa nos depoimentos recolhidos por *Ricardo Rezende Figueira* (2004, p. 180):

> Uma das partes, justamente aquela que deveria resistir e se contrapor ao patrão, só admitiu deixar a propriedade depois de saldar a dívida, realizando uma espécie de auto-exploração pela intensificação de sua força de trabalho com o objetivo de saldá-la. Finalmente, essa percepção do pagamento da dívida como um preceito moral foi formulado em entrevista à imprensa quando declarou: é melhor "sair sem dever nada".

Para prender as pessoas ao local de trabalho, são criados mecanismos de endividamento artificial e formas de controle e repressão. O uso da violência física e confinamento são bastante comuns para assegurar que o trabalhador não escapará e se submeterá ao trabalho até que a tarefa seja concluída. Esse quadro representa uma forma degradada e violenta de trabalho assalariado, aparentemente como se fosse trabalho por tarefa ou empreitada, variante do chamado "trabalho por peça". Ao tentar fugir ou resistir contra a exploração inerente a essa relação, o trabalhador é tratado como se estivesse descumprindo um contrato, representado pela palavra empenhada quando fora recrutado pelo "gato". Palavra empenhada, aliás, cuja eficácia é geralmente assegurada por adiantamentos em dinheiro que fazem o cativo e o recrutador suporem que a fuga representa um roubo, o não-pagamento do dinheiro recebido. Essa é, seguramente, uma das razões pelas quais o trabalhador teme e, em alguns casos, recusa sua libertação, pois se considera subjetivamente devedor e, portanto, incapaz de violar o princípio moral que apóia sua relação de trabalho (MARTINS, 1999, p 162).

Esse mecanismo traz algumas semelhanças com o Panóptico de Bentham, estudado por *Foucault* (1987), como forma de vigilância e controle da sociedade. Assim, foi idealizado um sistema de prisão com disposição circular das celas individuais, dividas por paredes e com a parte frontal exposta à observação do Diretor por uma torre do alto, no centro, de forma que este poderia vigiar sem ser visto. Essa estrutura permitiria ao Diretor um acompanhamento minucioso da conduta do detento, mantendo-os em situação de constante incerteza sobre a presença concreta daquele. Essa incerteza resultaria em eficiência e economia no controle, pois tendo invadida a sua privacidade de modo alternado, furtivo, incerto, ele mesmo se vigiaria. Assim, com o tempo, poderia até ser retirada as grades principais das celas que não haveria fuga. No caso do trabalho escravo, como já podemos constatar, a dívida anotada em caderno sem o controle do trabalhador o deixaria em situação vulnerável. O empregado não sabe exatamente o quanto está devendo, pois não tem acesso nem controle de sua dívida. A dívida faria as vezes do diretor, impessoal, inacessível. A vigilância e controle é feita pelo detentor do caderno, que pode ser o "gato" ou um "cantineiro" ligado a ele, ou mesmo pelo próprio devedor e seus companheiros, pois todos sabem que a dívida deve ser paga. Assim, a vigilância armada passa a ser dispensável, pois o trabalhador já foi disciplinado pelo sistema implantado.

Não é difícil de compreender esse mecanismo, pois a fraude, muitas vezes não está clara para o trabalhador, afinal de contas está sendo cobrado algo que ele consumiu. Outro fator de intimidação é sem dúvida a pressão econômica, seu estado de miserabilidade que força, muitas vezes, voltar a trabalhar para aquele mesmo empreiteiro, ou fazendeiro.(2)

(2) Há relatos dos Grupos de Fiscalização que resgataram o mesmo trabalhador mais de uma vez, pois não encontra outra alternativa.

Capítulo 5

ESCRAVIDÃO POR DÍVIDA

A escravidão por dívida, como já foi visto, já havia aparecido na Grécia antiga e também em Roma.(1) Pode-se dizer que essa forma de escravidão foi a primeira a ser "combatida". Não obstante, a proibição, vimos que na Idade Média, o sistema de produção feudal levou os trabalhadores a se vincularem à terra onde trabalhavam, na forma de servidão. Ao servo da gleba passou-se a utilizar a legislação romana, que tratava dos escravos que eram chamados então *servus*. Assim, a própria denominação do trabalhador como servo, já é uma influência da Antigüidade.

No Brasil, embora tenha predominado a escravidão negra, as primeiras expedições portuguesas tomaram a iniciativa de escravizar os índios (GORENDER, 1985). A Coroa portuguesa, ao implementar a colonização, com a concessão de capitanias hereditárias, legalizou a escravização dos aborígenes por meio das Cartas de Doação(2) das referidas capitanias.

O escasso suprimento de africanos no século 16 levou os colonos do Nordeste a se servirem da mão-de-obra indígena nos primeiros engenhos, o que perdurou por longo período nas regiões mais pobres, onde o cultivo de gêneros de exportação tardou em se desenvolver.

A chegada dos jesuítas ao Brasil provocou uma acirrada disputa com os colonos, visto que aqueles pretendiam a catequização e

---

(1) No capítulo sobre a Grécia foi apontada essa forma de escravidão, que foi proibida por Sólon. Em Roma, chamada de *nexum*, também foi proibida no período em 336 a.C.

(2) Na Carta de Doação a Duarte Coelho consta a autorização para escravizar os índios da região.

submissão do índio ao domínio temporal da Companhia de Jesus e estes uma fonte de mão-de-obra, que ainda era escassa no país (GORENDER, 1985).

Como a escravidão indígena concorria com a venda de negros e restringia seu mercado, os traficantes de escravos africanos, embora de forma tácita, aprovavam a orientação dos jesuítas que recomendavam explicitamente a introdução do negro para afastar a exploração dos índios (GORENDER, 1985).

Portugal, por sua vez, tinha interesses muitas vezes conflitantes, como a necessidade do povoamento das terras pelos colonos, que se utilizavam da mão-de-obra indígena de um lado e as pressões dos jesuítas e o interesse na receita proporcionada tanto pelo tráfico negreiro direto como também pela cobrança de impostos pela comercialização do escravo, que levou a criar leis contraditórias, repletas de ressalvas, exceções, revogações (AMARAL, 1940)(3), em relação à liberdade do índio.

Como exemplo dessas contradições podemos citar a legislação antiga da metrópole que em seus anais contam atos como o de 20 de março de 1570, cogitando do cativeiro dos índios; o de 11 de novembro de 1595, regulando a guerra contra eles (o que permitia a escravização como prisioneiro de guerra); o de 11 de novembro de 1608, promovendo o seu extermínio; mas também a lei de 30 de julho de 1609, que declarou os índios livres, confiando a catequese aos jesuítas; a de 6 de junho de 1755, que sustentou essa decisão, revogada implicitamente pela lei de 10 de setembro de 1611; e o alvará de 7 de abril do mesmo ano, que visava à conservação da raça indígena; e, por fim, a lei de 27 de outubro de 1831, que libertou o índio da escravidão.

---

(3) O Papa Paulo III, por meio da Bula de 1537, declarou os índios homens racionais, o que deveria significar que não deveriam ser escravizados como forma de civilizá-los, mas essa recomendação não foi atendida pelos portugueses e bandeirantes, que, aliás, nem cumpriam as leis que a metrópole expedia. Em 1652, D. João IV proíbe a escravidão do índio, mas alguns governadores se confessam impotentes para cumprir essa lei e em 1679, a escravidão indígena é novamente proibida e a administração dos índios é entregue aos jesuítas, permanecendo até o tempo de Pombal.

No governo do *Marquês de Pombal*[4], houve a abolição formal e definitiva dos índios, mas essa não cessou, tanto da forma tradicional, como também pela escravidão indireta.[5]

A escravidão chamada indireta, segundo *Gorender*, refere-se ao sistema de exploração de mão-de-obra segundo o qual os índios não eram considerados escravos e, por conseguinte, não deveriam ser alienáveis ou transmissíveis por herança.

As restrições legais à escravização dos índios levou a uma nova forma de exploração mediante pagamento de salários associado a formas diversas de trabalho compulsório. A Coroa procurou legislar no sentido de delimitar os períodos de trabalho compulsório a serviço de particulares e vários sistemas foram adotados. O último, o do "Regimento das Missões" de 1686, estabeleceu turnos alternados de seis meses, ficando uma parte dos índios cada semestre nas aldeias, enquanto a outra se repartiria entre os moradores. Nesse sistema, deviam servir todos os índios entre 13 e 50 anos, mediante salários taxados, lavrando-se assento (MALHEIRO *apud* GORENDER, 1985).

Não era raro que acontecesse o fato narrado por *J. Lúcio de Azevedo* (1901, p. 139):

> Nem os índios eram pagos de seus mesquinhos salários, de duas varas de pano cada mês, que valiam dois tostões; nem se lhes dava o tempo de liberdade a que tinham direito. Retidos, após o termo legal, em poder de seus amos, passavam por escravos legítimos. O interesse obliterava a memória da usurpação; morrendo o chefe da família, o índio era legado em testamento como escravo legítimo. Inúmeros são os processos que por este motivo se litigavam perante as juntas das missões.

Nota-se que, embora não fosse legalmente considerado escravo, visto que tinha *status* diverso do negro, a condição a

(4) Marquês de Pombal, por meio das lei de 1755 e 1758 aboliu a escravidão indígena.

(5) Gorender trata de escravidão indireta o sistema chamado de administração; à exploração compulsória com pagamento de salário e as reduções jesuíticas.

que era submetido, resultava quase sempre em situação mais penosa, a tal ponto de muitos índios preferirem uma verdadeira escravidão a uma falsa liberdade (GORENDER, 1985).

A exploração do índio pode ser considerada como o precedente da escravidão por dívida no Brasil.

Paralelamente a esse tipo de exploração, houve, também, uma forma de exploração que era feita com o colono. Essa exploração se iniciou na época da colonização e persistiu com o início da imigração européia.

A lei de locação de 1830, assim como algumas posteriores, reproduziram algumas formas de exploração já conhecidas. Havia a clara intenção de exercer o total domínio do trabalhador. Esse rigor da lei se mostrou altamente desvantajoso ao imigrante e acabou por afastar o fluxo de trabalhadores europeus no início de seu processo. A lei de 1830, assim como a de 11 de outubro de 1837, embora tratassem do mesmo tema, ou seja, da locação de serviço, davam mais ênfase às sanções penais a que ficavam sujeitos os trabalhadores, locadores de serviço, em caso de abandono das obrigações contratuais. Segundo as referidas leis, haveria as possibilidade de sanções severas por meio de processos sumários, que poderiam acarretar na prisão e obrigação de trabalho forçado para pagamento da dívida contraída pelo locador de serviço, que era o trabalhador (GORENDER, 1985).

Em 1830, o governo alemão chegou a proibir a vinda de seus cidadãos para trabalharem, o que levou à realização de um acordo internacional para regulamentar essa situação.

Iniciando um novo fluxo de imigração, verificamos que os empregadores ainda não sabiam como lidar com uma mão-de-obra livre, acostumados que estavam à escravidão. Nesse contexto, *Thomas Davatz* escreve o livro *Memórias de um colono no Brasil – 1850*, no qual relata a situação precária em que viviam aqueles trabalhadores que vieram da Europa cheios de esperança no "Novo Mundo" e depararam com uma situação de exploração inaceitável. Nesse livro, no trecho intitulado "apelo-conclusão", *Davatz* (1980, p. 233), descreve o comportamento da elite, que em alguns casos não parece ter se modificado, mais de 150 anos depois:

> Já sabemos como esses empresários têm agido até aqui com seus parceiros e pode prever-se desde já como agirão para o futuro, tendo em conta o fato de se acharem habituados, desde a infância, a tratar com escravos e não terem aprendido até aqui a respeitar os direitos que assistem a um trabalhador livre. Aos olhos desses homens o colono europeu só vale mais do que os negros africanos pelo fato de proporcionar lucros maiores e de custar menos dinheiro.

A atitude dos fazendeiros, principalmente na zona cafeeira, levou ao fracasso desse sistema de parceria.

Uma nova legislação foi criada em 1879, já prevendo o fim da escravidão, e visava ao incentivo à imigração. Trata-se da Lei de Locação de Serviços.

Mesmo com a melhora da condição do imigrante e a abolição oficial da escravidão em 1888, podemos verificar que a exploração da Amazônia levou, novamente, à exploração que Gorender chama de escravidão indireta.

Após visitar a região amazônica a convite do Barão do Rio Branco, *Euclides da Cunha* descreve na obra *À margem da história*, a condição dos trabalhadores na extração da borracha, no início do século 20, como de verdadeiros escravos.

Embora as medidas legislativas tomadas a partir de 1930 tenham revolucionado as relações de trabalho, essa condição de exploração é mais uma vez relatada durante a Segunda Guerra Mundial, quando, incentivado pelos americanos, o governo do Brasil convocou a população ao alistamento militar para cumprir o serviço na Amazônia, extraindo o látex. Os alistados, formados predominantemente por nordestinos, foram chamados "soldados da borracha".

5.1. Escravidão Contemporânea

Embora tenha assumido traços peculiares em cada momento da história, a escravidão ainda persiste no mundo. (BALES, 2001).[6] Ao verificarmos nos relatórios de diversos organismos, tanto nacionais quanto internacionais,[7] acerca do tema, teremos uma divisão um tanto didática sobre a escravidão contemporânea. No entanto, como toda relação humana, essa realidade é bastante dinâmica alterando suas características de forma constante o que exige uma freqüente revisão dos procedimentos. Não se pode falar em apenas um tipo de escravatura e dessa forma a busca para a solução dos problemas se tornam complexos.

No estudo realizado por *Kevin Bales*, foram levantadas três formas básicas de escravatura: a escravatura da posse, a escravidão por dívida e a escravidão por contrato.

Conforme explica o referido pesquisador, a "escravatura da posse" é a mais próxima da antiga escravatura. Nesse caso, a pessoa normalmente é capturada, nasce ou é vendida em servidão permanente, sendo que a posse é muitas vezes declarada em documentos; os filhos do escravo são normalmente tratados também como propriedade e podem ser vendidos pelo escravocrata. Essa forma é encontrada com mais freqüência na África Ocidental e do Norte e em alguns países árabes, mas representa apenas uma pequena proporção dos escravos no mundo atual. Um exemplo desse tipo de escravidão foi constatado por *Kevin Bales* na Mauritânia, no final dos anos 90, embora nesse país a escravidão tenha sido oficialmente abolida em 1980 (BALES, 2001).

A servidão por dívida é a forma mais comum no mundo. Nessa forma de exploração, a pessoa dá-se a si própria como penhor de um empréstimo de dinheiro, mas a duração e a natureza do serviço não são definidas e o trabalho, normalmente, não reduz a dívida original, fazendo com que permaneça um vínculo de

---

(6) Como já apontado anteriormente, Kevin Bales estima a existência de 27 milhões de pessoas vivendo em condições de escravidão.

(7) Como exemplo os relatórios dos grupos de fiscalização do Ministério do Trabalho e da Comissão Pastoral da Terra, e no plano internacional a ONU e OIT.

dependência por longo período. Uma doença do trabalhador que o deixe impossibilitado ao trabalho mesmo por período curto, ou a necessidade de comprar remédio pode ser o suficiente para perpetuar a dívida que pode, também, ser passada para gerações posteriores, escravizando também seus descendentes; além disso, a falta de pagamento pode ser punida com a apreensão ou a venda de filhos em nova servidão por dívida. Nesses casos, a posse não é normalmente declarada, mas há um controle físico completo do trabalhador escravizado. Esse tipo de exploração é mais comum na região da índia e do Paquistão (BALES, 2001).

A terceira modalidade de escravidão moderna descrita por *Bales* é a escravidão por contrato que, segundo o autor, mostra como as modernas relações de trabalho são usadas para ocultar a nova escravatura. O autor explica que nesses casos são oferecidos contratos que garantem trabalho, por exemplo, em uma fazenda, oficina ou mesmo fábricas, mas quando os trabalhadores são levados ao local de trabalho acham-se escravizados. Trata-se de uma situação em que o contrato, que pode até ter uma aparência legal por cumprir determinadas formalidades, é usado como um engodo para enganar o indivíduo, atraindo-o para a escravidão. Nesses casos, ao se levantar questões legais, o contrato pode ser apresentado, mas a realidade é que o trabalhador contratado é um escravo, ameaçado de violência, sem qualquer liberdade de movimento e sem qualquer remuneração.

Essa modalidade, ainda segundo *Bales*, é a que cresce mais rapidamente e já é considerada a segunda maior forma de escravidão, sendo encontrada com mais freqüência no sudeste da Ásia, no Brasil, em alguns Estados árabes e em algumas partes da Índia.

No caso específico do Brasil, que é objeto de nosso estudo, encontramos relatos com esse mesmo teor como é o caso José Pereira, já apontado no Capítulo 2.

Como esclarece *Bales*, esses tipos não se excluem mutuamente, pois há casos em que se assina contrato com o próprio escravo a fim de encobrir sua escravidão e cita como exemplo o caso de garotas que são forçadas a se prostituírem por meio da servidão por dívidas, às vezes contraídas por seus pais, e que recebem contratos especificando as suas obrigações (BALES, 2001).[(8)]

Em épocas passadas, conforme discorremos acima, a escravidão por dívida tinha uma base legal, o mesmo não ocorre com a contemporânea, que nasce de uma série de fraudes para forçar a permanência do obreiro no local de trabalho, dessa forma, os empregadores rurais procuram fabricar dívidas impagáveis para os trabalhadores, e o método mais comum é obrigá-los a adquirir as mercadorias de que necessitam no armazém da fazenda, sempre a preços superfaturados. Disso resulta um débito permanente do obreiro, que o vinculará ao patrão, sendo causa impeditiva de abandonar a fazenda.

(8) Esses casos apontados por Bales ocorrem com certa freqüência na Tailândia.

Capítulo 6

AÇÕES CONJUNTAS DE ÓRGÃOS NACIONAIS E INTERNACIONAIS NO COMBATE À ESCRAVIDÃO

A partir do século 18, é que os grandes Estados europeus, sob influência do pensamento filosófico da época, vão iniciar a luta em favor da abolição do tráfico. Encontramos, inicialmente, a influência desse pensamento filosófico por meio das idéias de liberdade e igualdade entre os homens(1) contidas na Declaração do bom povo da Virgínia(2) de 1776 e na Declaração de Direitos do Homem e do Cidadão de 1789, mas podemos afirmar que a luta dos Estados contra a escravidão iniciou-se, efetivamente, com a guerra entre os impérios coloniais, principalmente entre França e Inglaterra que acabou por conduzir à extinção do tráfico transatlântico.(3)

No âmbito jurídico internacional, o primeiro passo tomado para acabar com a escravidão foi a abolição do tráfico de escravos, pois acreditava-se que aquela apenas existiria se essa subsistisse (MELLO, 1994). Assim, a Constituição dos Estados Unidos elaborada em 1787, influenciada pela Declaração da Virgínia, estabelecia a

(1) O art. 1º da declaração dos Direitos da Virgínia, em seu art. 1º, prevê o seguinte: “Todos os homens nascem igualmente livres e independentes, têm direitos certos, essenciais e naturais dos quais não podem, por nenhum contrato, privar nem despojar sua posteridade: tais são o direito de gozar a vida e a liberdade com os meios de adquirir e possuir propriedades, de procurar obter a felicidade e a segurança”.

(2) O texto original foi de autoria de George Naron. Os dois primeiros parágrafos da Declaração da Virgínia expressam com clareza os fundamentos do regime democrático: o reconhecimento de “direitos inatos” de toda a pessoa humana e o princípio de que todo poder emana do povo. Firma também os princípios da igualdade de todos perante a lei (rejeitando os privilégios e a hereditariedade dos cargos públicos) e da liberdade.

(3) Relatório Daphne 2000, p. 10. Disponível em <http://www.eclavagemoderne.org>.

extinção do tráfico a partir do ano de 1808; mas foi a Dinamarca, no ano de 1792, o primeiro país a abolir o tráfico de escravos, por meio do édito do Rei Cristiano VII, que proibiu que seus súditos tomassem parte no tráfico de escravos (MELLO, 1994). A Inglaterra, que já estava engajada nessa luta, declarou o tráfico ilegal para os seus súditos em 1807. Em 1810, embora a Inglaterra e Portugal tenham assinado o "Tratado de Cooperação e Amizade", com cláusula sobre o tráfico de escravos, a situação nas colônias portuguesas não se alteraram e o tráfico permaneceu em grande atividade por mais 40 anos.

No ano de 1814, com a derrota de Napoleão, a Inglaterra, juntamente com a França, elaboram o Tratado de Paris, ocasião em que afirmaram que a abolição do tráfico de escravos deveria ser feita de modo internacional. Neste mesmo sentido, já em 1815, seis outros países, entre eles Portugal, seguiram essa orientação na declaração do Congresso de Viena(4), condenando o tráfico.

Naquele momento o Brasil passou a ser bastante pressionado e antes mesmo da independência brasileira, o Rei de Portugal, Brasil e Algarves, D. João VI, assinou o primeiro tratado internacional com o objetivo de diminuir paulatinamente o tráfico de escravos para o Brasil. Assim, o tratado assinado em 22 de janeiro de 1815 proibia que aportassem em terras brasileiras os navios negreiros provenientes das partes da costa africana que ficassem ao norte da linha do Equador. Depois desse primeiro acordo, vários outros foram assinados sem que surtissem efeito e o tráfico, ilegal em teoria, continuava sem a repressão do governo imperial. Um exemplo é o acordo de 1826, onde o Império do Brasil e o governo britânico estenderam a proibição do tráfico a todos os navios negreiros vindos da África. Ainda sob pressão

(4) O Congresso de Viena de 1815 teve como principal objetivo promover a reorganização territorial da Europa, após a derrota de Napoleão. Nele participaram: Grã-Bretanha, Prússia, Rússia, Áustria, França, Espanha, Suécia e Portugal. Outros temas tratados em Viena, ainda que de forma secundária, interessariam diretamente à jovem nação sul-americana: a livre navegabilidade dos rios internacionais, sobretudo para fins comerciais, e a restrição ao tráfico de negros africanos, Revista Contexto Internacional (Rio de Janeiro: Instituto de Relações Internacionais da PUC-RJ; v. 26, n. 1, jan./jun. 2004, pp. 7-63; disponível em <http:://www.puc-rio.br/iri>. Paulo Roberto de Almeida).

inglesa e como uma amostra de esforço contra o tráfico negreiro, o governo Imperial do Brasil aprovou em 1831 a Lei Diogo Feijó que ratificava a proibição do tráfico de escravos e estabelecia que "todos os escravos que entrarem no território ou nos portos do Brasil, vindos de fora, ficam livres".[5]

No entanto, diante do não cumprimento dos tratados pelo Império e com a alegação de que era impossível fiscalizar todo o nosso litoral, o governo britânico propôs novos acordos que autorizavam a sua marinha a apreender em águas internacionais navios de bandeira brasileira utilizados no tráfico e, em 1845, a Câmara dos Lordes aprovou a *Bill Aberdeen*, que autorizava a marinha inglesa a afundar os navios que transportavam escravos como se fossem navios piratas. Essa lei baseava-se em acordos internacionais assinados e foi motivada pelo constante descumprimento dos acordos relativos ao tráfico de escravos por parte do governo brasileiro.

O aumento da pressão externa sobre o Brasil, com a ameaça de pôr a pique os navios negreiros, tornou o tráfico uma atividade de alto risco econômico, o que acabou por desestimular a atividade que por muito tempo havia sido bastante lucrativa. Cientes de suas conseqüências, surgiram vários projetos para que fosse realizada uma abolição paulatina (BARBOSA, 2003). Nesse momento, por meio da Lei Eusébio de Queiroz, o governo Imperial proibiu que navios negreiros aportassem no Brasil e determinou a apreensão de qualquer embarcação, brasileira ou estrangeira, com escravos, ou mesmo com sinais de ter sido utilizada para o tráfico. Essa proibição definitiva do tráfico, aliada ao baixo crescimento vegetativo da população escrava no Brasil (GORENDER, 1985), e ao alto custo do tráfico interno foi um passo importante para o fim da escravidão no Brasil.[6] Assim se iniciou um processo

---

(5) Lei Diogo Feijó, de 7 de novembro de 1831, art 1º.

(6) Embora a norma proibindo o tráfico tenha regulamentado oficialmente a situação, verificamos que só foi possível a extinção definitiva dessa atividade quando a forte pressão exercida, no caso pela Inglaterra com a ameaça de apreender ou mesmo afundar navios negreiros. Antes disso outras leis haviam sido publicadas, como a de 1831 que declarava livres os escravos que aqui chegassem e acordos foram assinados sem que fossem cumpridos. O que demonstra que

de libertação dos escravos, destacando-se a Lei do Ventre Livre, de 1871, que declarava livre os filhos de escravos que nascessem a partir daquela data, depois a Lei do Sexagenário em 1885, que declarava livres os escravos com mais de 60 anos de idade, e por fim a Lei Áurea, de 13 de maio de 1888 que aboliu, definitivamente, a escravidão no Brasil.

No panorama internacional, já na segunda metade do século 19, o ato geral da Conferência de Berlim de 1855 e o ato geral da Conferência de Bruxelas visaram à supressão da escravidão no âmbito mundial e por meio dessas diversas iniciativas da comunidade internacional, no final do século 20, a escravidão e o comércio de escravos estavam proibidos praticamente em todo o mundo. No entanto, foi apenas em 1919, com o tratado de Saint-Germain-en-Laye (COMPARATO, 2005),(7) que a abolição da escravidão sob todas as formas foi realmente decidida e assinada.

A Sociedade das Nações e depois a Organização das Nações Unidas também se empenharam na luta contra a escravidão e visando uma maior eficácia das normas, passou-se no âmbito do direito internacional a abordar essa questão sobre três ângulos distintos: a escravidão na sua concepção tradicional, o trabalho forçado e o tráfico de mulheres.(8)

Assim, a década de 1920 presenciou a adoção da Convenção da Liga das Nações, de 1926 (COMPARATO, 2005)(9), sobre escravidão, seguida pela Convenção 29 da OIT, de 1930, sobre

---

a lei isoladamente, sem outros mecanismos que lhe dê legitimidade, não é suficiente para tratar de questões complexas e que envolvem interesses diversos, como é o caso da escravidão contemporânea.

(7) Logo após o término da 1ª Guerra Mundial, a Convenção de Saint-Germain-en-Laye, de 1919, celebrada pelos Estados Unidos, Bélgica, o Império Britânico, França, Itália, Japão e Portugal, procedeu a revisão e atualização do Ato Geral da Conferência de Bruxelas, tratando da questão da escravidão.

(8) Relatório Daphne 2000, p. 11. Disponível em <http://www.eclavagemoderne.org>.

(9) Em 25 de setembro de 1926, a Assembléia da Liga das Nações aprovou uma convenção sobre a escravidão e o tráfico de escravos, com o objetivo de "completar e desenvolver a obra realizada pelo Ato de Bruxelas, e de encontrar um meio de dar efeito prático, no mundo inteiro, às intenções expressas no tocante ao tráfico de escravos e à escravidão, pelos signatários da Convenção de Saint-Germain-en-Laye".

trabalho forçado.[10] Vale destacar que, naquela época, após a extinção do tráfico de escravos africanos, os problemas mais preocupantes passaram a ser a imposição de trabalho forçado ou compulsório a populações indígenas que ocorriam desde o período colonial e as discussões passaram a se desenvolver em torno das salvaguardas a serem adotadas e das medidas necessárias para assegurar a abolição do trabalho forçado, tão logo fosse possível.

A Convenção sobre a Escravidão, da Sociedade das Nações, proibia todos os aspectos do comércio de escravos, inclusive "todos os atos envolvidos na captura, aquisição ou cessão de uma pessoa com o propósito de reduzi-la à escravidão e seus signatários comprometiam-se, além disso, a "tomar as medidas necessárias para evitar que o trabalho forçado ou compulsório se desenvolvesse em condições análogas à escravidão".[11]

Um novo período de atividade normativa que podemos destacar aconteceu a partir da Segunda Grande Guerra, quando as colônias foram conquistando suas independências. Nesse período, houve um aumentou da preocupação com a imposição de trabalho forçado para fins políticos em função dos fatos ocorridos no período entre as guerras e durante a Segunda Guerra Mundial,[12] que serviram de inspiração para o texto da Declaração de Filadélfia, de 1944, que, inclusive, foi anexado à Constituição da Organização Internacional do Trabalho (SÜSSEKIND, 1997, p. 31), onde se destaca que "todos os seres humanos [...] têm o direito de buscar seu bem-estar material e seu desenvolvimento espiritual em condições de liberdade e dignidade, de segurança econômica e em igualdade de oportunidades.

A Declaração Universal dos Direitos Humanos da Organização das Nações Unidas em 1948 também reafirmou o princípio de

(10) A Convenção n. 29 exigia a supressão, o mais breve possível, do trabalho forçado ou compulsório em todas as suas formas.

(11) Convenção de 1926.

(12) Nesse período o mundo foi testemunha da imposição maciça do trabalho forçado tanto fora como dentro do cenário colonial.

que “ninguém será mantido em escravidão ou servidão”, assim como o direito à “livre escolha do emprego”.

Já nos anos 50 do século 20, foi dispensada renovada atenção a outras formas de trabalho forçado, imposto como forma de punição a opiniões políticas e também decorrentes de sistemas arcaicos de exploração do trabalhador que mais se assemelhavam à servidão feudal.(13) Foi nesse contexto que as Nações Unidas adotaram, em 1956, a Convenção Suplementar sobre Abolição da Escravidão, Tráfico de Escravos e Instituições e Práticas Análogas à Escravidão, por meio da qual os Estados-membros eram conclamados a abolirem práticas como a servidão por dívida e a servidão. Logo depois, no ano de 1957, a Organização Internacional do Trabalho aprovou sua Convenção 105 sobre a abolição do trabalho forçado, segundo a qual os Estados signatários deveriam suprimir e não fazer uso de nenhuma forma de trabalho forçado ou obrigatório como meio de coerção ou de educação política, como medida de disciplina no trabalho, como medida de discriminação de qualquer natureza, como método de mobilização e utilização da mão-de-obra com fins de fomento econômico ou castigo por haver participado de greves.(14)

Paralelamente à luta contra o trabalho forçado, as Nações Unidas elaboraram em 1949 uma convenção relativa à repressão ao tráfico de seres humanos e a exploração da prostituição. Essa convenção constitui a base jurídica da atual proteção internacional contra o tráfico de seres humanos.(15)

Outros órgãos, como a Organização dos Estados Americanos também se preocupou com o tema, que levou à publicação da Declaração de San José da Costa Rica, em 1969, que em seu art. 6º proíbe expressamente a prática da escravidão.(16)

Já no final do século 20, ao deparar com um aumento de violações de direitos dos trabalhadores, que se atribui em grande

---

(13) Podemos destacar os gulags na antiga União Soviética ou mesmo os campos de trabalho da China após a revolução maoísta.

(14) As Convenções ns. 29 e 105 encontram-se no anexo.

(15) Relatório Daphne 2000, p. 13. Disponível em <http://www.eclavagemoderne.org>.

(16) Pacto de San Jose da Costa Rica. Disponível em <http://www.oas.org>, acesso em: 12 dez. 2005.

parte ao novo modelo econômico mundial, o Conselho de Administração da OIT definiu um conjunto de sete convenções internacionais do trabalho como sendo o conjunto de normas e direitos fundamentais no trabalho. Assim, foram consideradas as Convenções ns. 29 e 105 que tratam da proibição do trabalho forçado; as 87 e 98 que tratam da liberdade sindical e de negociação coletiva, as 100 e 111, que tratam da igualdade de remuneração e igualdade de trato na ocupação e a 138 que define a idade mínima para o trabalho.

No entanto, devido às resistências apresentadas pelo grupo de empregadores e por diversos governos, decidiu-se que a Declaração teria a natureza promocional dos direitos e dos princípios fundamentais. Dessa forma, os debates de negociações se convergiram para a aprovação da Declaração da Organização Internacional do Trabalho sobre os Princípios e Direitos Fundamentais no Trabalho e seu seguimento em 18.6.98, durante a 86ª Conferência Internacional do Trabalho. O mecanismo de seguimento demandou, ainda, um pouco mais de um ano de debates até sua regulamentação final na Conferência Internacional de 1999 e posteriormente em reunião do Conselho de Administração.

A Declaração é introduzida por sete considerandos que recordam os princípios fundamentais protegidos não só pela Constituição como pela Declaração da Filadélfia. Conforme observa *Crivelli* (2004, p. 182), o último considerando indica a necessidade da aplicação das normas em função do processo de globalização:

> "Considerando que numa situação de crescente interdependência econômica urge reafirmar a permanência dos princípios e direitos fundamentais inscritos na Constituição da organização, assim como promover a sua aplicação universal."

O texto da declaração contém cinco artigos, sendo que o primeiro recorda que os direitos e os princípios fundamentais inscritos na Constituição da OIT, assim como na Declaração de Filadélfia, estão expressos nos direitos e nas obrigações específicas inscritas nas convenções internacionais reconhecidas como fundamentais dentro e fora da OIT. Já o artigo segundo estipula que os Estados, tendo ou não ratificado as convenções relativas aos direitos e princípios reafirmados na Declaração, têm de boa-fé o compromisso, na condição de membros da OIT, de promovê-las e torná-las realidade e prevê os quatro direitos e princípios da Declaração:

a) Liberdade sindical e o reconhecimento efetivo do direito de negociação coletiva;

b) A eliminação de todas as formas de trabalho forçado e obrigatório;

c) A abolição efetiva do trabalho infantil; e

d) A eliminação da discriminação em matéria de emprego e ocupação.

Da análise do anexo da Declaração, que cuida do seu seguimento, verifica-se dois objetivos centrais: a promoção dos direitos e princípios fundamentais e o desenvolvimento da cooperação técnica para auxiliar a sua efetivação. Atendendo a esses objetivos, o seguimento da Declaração tem três elementos principais: seguimento anual relativo às convenções não-ratificadas; um relatório global; identificação das prioridades de cooperação técnica e planos de ação.

O relatório global, previsto no inciso III do anexo da Declaração, de responsabilidade do próprio Diretor Geral da OIT, ocupa-se de uma categoria de direitos e princípios fundamentais a cada ano, sendo seu propósito específico fornecer uma imagem global e dinâmica de cada uma das categorias de direitos e princípios fundamentais no trabalho.

Sobre o tema relativo à escravidão, já foram publicados o relatório de 2001 com o título "Não ao trabalho forçado" e em 2005 "Uma aliança global contra o trabalho forçado". Nesse primeiro relatório global sobre o tema, a OIT reconhece a dificuldade encontrada entre seus membros sobre de certas práticas caracterizarem ou não o trabalho forçado.[17] Já no relatório de

(17) Relatório Global. *Não ao trabalho forçado*, p. 17.

2005, há uma análise mais ampla da questão relativa ao trabalho forçado destacando-se as diferenças regionais encontradas. Em suas conclusões fica evidenciado que a abolição do trabalho forçado representa um objetivo para quase todos os países do mundo e só com a participação de toda a comunidade internacional é que se conseguirá um resultado positivo. Enquanto houver diferenças, os mais fracos serão explorados. Assim, a luta pela abolição da escravidão contemporânea deverá passar pela diminuição da desigualdade entre os povos e só com a colaboração de todos é que esse ideal poderá se tornar realidade.

Capítulo 7

CONSIDERAÇÕES FINAIS

> *"Quem tira de um homem o pão de seu trabalho é como o assassino de seu próximo.*
>
> *O que derrama o sangue e o que usa de fraude no pagamento de um operário são irmãos; um constrói, o outro destrói."*
>
> *Eclo 34, 26-28*

Em abril de 1514, Bartolomeu de Las Casas, o clérigo "encomendero" de Cuba, leu na *Bíblia* o trecho do Eclesiástico em epígrafe e compreendeu a injustiça que praticava com seus índios e os entregou ao governador Velázquez, a 15 de agosto de 1514, em célebre pregação. Após esse ato, reconhecido como sua "conversão profética", iniciou uma luta que empreendeu até o final de sua vida, em 1566, em favor da população nativa oprimida pelo conquistador europeu. Essa consciência parece que ainda não atingiu a um grupo de pessoas que exploram a mão-de-obra escrava pelo mundo.

A escravidão negra, embora tenha sido a modalidade predominante durante a colonização do Brasil, não foi a única forma de exploração. Paralelamente a este sistema oficial, aparece outra forma de exploração que não pode ser ignorada e prevalece até os dias de hoje. Trata-se da escravidão por dívida, que vem se repetindo em vários momentos de nossa história recente.

Um dos primeiros relatos, ainda no século 19, é de *Thomaz Davatz*, um imigrante suíço que veio ao Brasil buscar novas oportunidades e viu-se preso a uma dívida que cada vez aumentava mais e era tratado como um escravo. *Euclides da Cunha* traz outro relato que vem da colonização da Amazônia na época da extração da borracha, já no final do século 19 e no início do século 20, quando a escravidão já havia sido abolida oficialmente. Quase quatro décadas mais tarde, essa história se repetiu com o êxodo de nordestinos em direção à Amazônia, incentivados pelo governo federal e depois a situação de completo abandono em que se encontraram ao final da guerra. Trata-se de uma situação inusitada, pois foram convocados como soldados para servir na Amazônia e, posteriormente, não conseguiram voltar porque tinham feito dívidas que não tinham condições de pagar.

A partir da década de 1970, a Comissão Pastoral da Terra passou a denunciar as condições em que se encontravam os trabalhadores rurais, particularmente no Sul do Pará. Mais uma vez, o Estado, visando desenvolver a região, passou a financiar ali projetos em parceria com grandes empresas multinacionais que utilizaram mão-de-obra escrava.

Na última década do século 20, já no limiar do novo milênio, as denúncias acerca da escravidão contemporânea aumentaram de forma a chamar a atenção da sociedade mundial. O Brasil, reconhecendo a existência do problema, passou a adotar uma série de medidas para coibir essa prática, merecendo destaque o Plano nacional para a erradicação do trabalho escravo lançado pelo governo federal em 2003. No plano internacional, a OIT elaborou novas recomendações para que os países observassem as convenções relacionadas ao tema, destacando-se o lançamento da campanha para a adoção das principais convenções que garantem os direitos fundamentais do trabalhador.

Todavia, há que se fazer algumas distinções. As condições observadas pela OIT, quando tratam de questões internas dos países, devem ser analisadas do ponto de vista local, porque, além de uma questão econômica, muitas vezes a exploração contém um traço cultural.

O aumento do número de denúncias relacionadas à situação de escravidão coincide com o avanço do fenômeno denominado Globalização, o que nos leva a intuir uma correlação de piora das condições de trabalho decorrente desse fenômeno mundial. Sendo que a imigração, tanto a interna quanto a externa, também favorecem essa exploração.

A nova escravidão é mais vantajosa para os empresários que a da época do Brasil-Colônia e Império, pelo menos do ponto de vista financeiro e operacional. Podemos destacar o fato de que, na escravidão colonial, a propriedade legal era permitida, hoje não, mas era muito mais caro comprar e manter um escravo do que atualmente. O negro africano era um investimento dispendioso que poucas pessoas podiam ter. Hoje, o custo é muito baixo — paga-se apenas o transporte e, no máximo, a dívida que o indivíduo possuía em algum comércio ou hotel, que será posteriormente descontado do próprio trabalhador. Além do fato de que, se fica doente, é só largá-lo na estrada mais próxima e aliciar outra pessoa. A estrutura econômica que estimula a concentração de renda e amplia a miséria promove a formação de um exército de reserva de trabalhadores dispostos a aceitar as piores condições em troca de um trabalho que lhe permita o sustento próprio e de sua família.

Kavin Bales denuncia a escravidão moderna em escala mundial que estima em 27 milhões de pessoas exploradas e faz a comparação entre o sistema antigo e o atual, com a demonstração das vantagens oferecidas por este em relação àquele. Na escravidão contemporânea, não há diferença religiosa, racial ou de qualquer natureza. Porém, tanto na escravidão imperial quanto na do Brasil de hoje, mantém-se a ordem por meio de ameaças, terror psicológico, coerção física, punições e assassinatos. Um exemplo do que estamos afirmando é o caso José Pereira, que ganhou destaque internacional e forçou o Brasil a assinar um acordo amistoso perante a Organização dos Estados Americanos.

Vimos que o trabalho escravo não se limita à infração de questões trabalhistas, mas é uma grave violação de direitos humanos e, com freqüência, a constatação da existência de que trabalhos escravos ou análogos são acompanhados de outros crimes e contravenções como crimes ambientais, grilagem de terra, falsificações de documentos, além de lesões corporais e até assassinatos.

É bastante comum, principalmente na região amazônica, a derrubada da floresta em área grilada e o contrabando da madeira.

Na esfera legislativa, há que se destacar a alteração do art. 149 do Código Penal, que trouxe novos elementos para a caracterização do trabalho escravo e previu o aumento de pena em casos específicos. Mesmo que não tenha sido a melhor opção, visto que parte da doutrina tem apontado possíveis brechas legais, a alteração abrange a maioria dos casos encontrados no País, que é justamente a escravidão ocorrida no meio rural relacionada à dívida forjada pelo empregador. Outra medida legislativa aprovada foi a previsão do aumento do valor da multa nos casos de constatar as irregularidades trabalhistas, além da proposta de Emenda Constitucional n. 438/2001, que prevê o confisco das terras onde for constatada a exploração de mão-de-obra escrava. Esta última é apontada como um grande passo para coibir essa prática, mas é necessário que haja também um grande esforço político para ir além de sua aprovação, pois isoladamente não irá acabar com o problema. Para uma ação mais efetiva será preciso investir na geração de empregos e na educação, realizar a reforma agrária, fazer a concessão de créditos agrícolas e atuar de forma preventiva no local de aliciamento, para que se evite a imigração que acaba conduzindo ao sistema de escravidão.

Contudo, podemos vislumbrar uma "luz no fim do túnel" com a conscientização cada vez maior do problema e o empenho para a sua erradicação por parte da comunidade internacional, dos Estados e na sociedade civil organizada. Um exemplo da eficácia de políticas governamentais e a participação da sociedade civil é o recente resultado apresentado pela ONU acerca da diminuição em 10% da exploração de mão-de-obra infantil, que muitas vezes está ligada a situações de escravidão contemporânea.

REFERÊNCIAS BIBLIOGRÁFICAS

AMARAL, Luís. *História geral da agricultura brasileira.* 2. ed. Rio de Janeiro: Companhia Editora Nacional, 1940. v. I

ANDERSON, Perry. *Passagens da antigüidade ao feudalismo.* 2. ed. São Paulo: Brasiliense, 1989.

ARENDT, Hannah. *A Condição humana.* 10. ed. Rio de Janeiro: Forense Universitária, 2004.

_____________. *Entre o passado e o futuro.* 5. ed. São Paulo: Perspectiva, 2000.

ARRUDA, José Jobson de A.; PILETTI, Nelson. *Toda a história:* história geral e história do Brasil. 7. ed. São Paulo: Ática, 1997.

AUDI, Patrícia. Escravagismo impune. *Repórter Brasil:* agência de notícias. Disponível em: http://www.reporterbrasil.com.br/clipping.php?id=72>, acesso em 26 maio 2006.

AUSTIN, Michel; VIDAL-NAQUET, Pierre. *Economia e sociedade na Grécia Antiga.* Lisboa: Edições 70, 1972.

BALES, Kevin. *Gente descartável:* a nova escravatura na economia global. Lisboa: Editorial Caminho, 2001.

BARBOSA, Alexandre de Freitas. *A Formação do mercado de trabalho no Brasil:* da escravidão ao assalariamento. 2003. 390 f. Tese (Doutorado em Economia) – Instituto de Economia da Unicamp, Campinas, 2003.

BARROS, Sérgio Resende de. *Direitos humanos:* paradoxo da civilização. Belo Horizonte: Del Rey, 2003.

BELISARIO, Luiz Guilherme. *A Redução de trabalhadores rurais à condição análoga à de escravos:* um problema de direito penal trabalhista. São Paulo: LTr, 2005.

BOBBIO, Norberto. *Igualdade e liberdade.* Rio de Janeiro: Ediouro, 1996.

BRETON, Binka Le. *Vidas roubadas:* a escravidão moderna na Amazônia brasileira. Tradução de Maysa Monte Assis. 2. ed. São Paulo: Loyola, 2002.

CASTILHO, Ela Wiecko V. de. Em busca de uma definição jurídico-penal de trabalho escravo. *In:* MOREYRA, Sérgio Paulo (org.). *Trabalho escravo no Brasil contemporâneo.* São Paulo: Loyola, 1999.

COMPARATO, Fabio Konder. *O Ato geral da conferência de Bruxelas de 1890.* Disponível em <http://www.dhnet.org.br/educar/redeedh/anthist/brux1890.htm>, acesso em 18 jan. 2006.

COSTA, Emília Viotti da. Escravo na grande lavoura. *In:* HOLANDA, Sérgio Buarque de (org.). *História geral da civilização brasileira.* São Paulo: Difel, 1985. t. 2, v. 3.

COULANGES, Fustel de. *A Cidade antiga.* Tradução de Ean Melville. São Paulo: Martin Claret, 2005.

CRIVELLI, Ericson, *A OIT e o futuro das normas internacionais do trabalho na era da globalização.* 2004. Tese (doutorado) – Universidade de São Paulo, São Paulo, 2004.

CUNHA, Euclides da. *À Margem da história.* São Paulo: Martins Fontes, 1999.

DAVATZ, Thomas. *Memórias de um colono no Brasil:* 1850. São Paulo: Editora da Universidade de São Paulo, 1980.

DAVIS, David Brion. *O Problema da escravidão na cultura ocidental.* Tradução de Wanda Caldeira Brant. Rio de Janeiro: Civilização Brasileira, 2001.

DINIZ, Mônica. Sesmarias e posse de terras: política fundiária para assegurar a colonização brasileira. *Sesmarias,* n. 2, jun. 2005. Disponível em <http://www.historica.arquivoestado.sp.gov.br/materias/anteriores/edicao02/materia03/Sesmarias.pdf>, acesso em 4 maio 2006.

DOBB, Maurice et al. *Do Feudalismo ao capitalismo.* Lisboa: Dom Quixote, 1971.

DONKIN, Richard. *Sangue, suor e lágrimas.* São Paulo: M Books, 2003.

ELIAS, Norbert e Scotson, John L. *Os Estabelecidos e os* outsiders*:* sociologia das relações de poder a partir de uma pequena comunidade. Rio de Janeiro: Jorge Zahar, 2000.

ELLUL, Jacques. *História de las instituiciones de la antigüedade:* instituiciones griegas, romanas, bizantinas y francas. Tradução de F. Tomas y Valiente. Madrid: Aguilar, 1970.

ESTERCI, Neide. A Dívida que escraviza. *In:* MOREYRA, Sérgio Paulo (org.). *Trabalho escravo no Brasil contemporâneo.* São Paulo: Loyola, 1999.

FIGUEIRA, Ricardo Rezende. *Condenados à escravidão. In:* MOREYRA, Sérgio Paulo (org.). *Trabalho escravo no Brasil contemporâneo.* São Paulo: Loyola, 1999.

__________. *O Trabalho escravo contemporâneo por dívida:* como se manifestam os acusados. Disponível em <http://reporterbrasil.org.br>, acesso em 16 dez. 2005.

__________. *Pisando fora da própria sombra:* a escravidão por dívida no Brasil contemporâneo. Rio de Janeiro: Civilização Brasileira, 2004.

FINLEY, Moses I. *Escravidão antiga e ideologia moderna.* Tradução de Norberto Luiz Guarinello. Rio de Janeiro: Graal, 1991.

FOUCAULT, Michel. *Vigiar e punir:* nascimento da prisão. Petrópolis: Vozes, 1987.

GIORDANI, Mário Curtis. *História de Roma.* 2. ed. Petrópolis: Vozes, 1968.

GLOTZ, Gustave. *História econômica da Grécia.* Tradução de Vittorino Magalhães Godinho. Lisboa: Edições Cosmos, 1973.

GORENDER, Jacob. *O Escravismo colonial.* 4. ed. São Paulo: Ática, 1985.

LOPES, José Reinaldo de Lima. *O Direito na história:* lições introdutórias. São Paulo: Max Limonad, 2000.

MADUEÑO, Denise. Trabalho Escravo: Inocêncio invoca questão formal ao contestar TRT. *O Estado de S. Paulo*, São Paulo, Caderno A, 9 fev. 2006.

MAESTRI FILHO, Mário. *Breve história da escravidão.* Porto Alegre: Mercado Aberto, 1986.

MARTINO, Francesco de. *Historia económica de la roma antigua.* Madrid: Akai Universitaria, 19??.

MARTINS, José de Souza. A Escravidão nos dias de hoje e as ciladas da interpretação. *In:* MOREYRA, Sérgio Paulo (org.). *Trabalho escravo no Brasil contemporâneo.* São Paulo: Loyola, 1999.

__________. A Imigração e a crise do Brasil agrário. São Paulo: Pioneira, 1973.

____________. *A Sociedade vista do abismo:* novos estudos sobre exclusão, pobreza e classes sociais. Petrópolis: Vozes, 2002.

____________. *Exclusão social e a nova desigualdade.* São Paulo: Paulus, 1997.

MEDEIROS, Marcelo. *Escravidão reconhecida: mas não resolvida.* Entrevista com o Frei Xavier Plassat. Disponível em <http://www.siteamigo.com/beijaflor/fatos/fato2.htm>, acesso em 20 abr. 2006.

MELLO, Celso Duvivier de Albuquerque. *Curso de direito internacional público.* 10. ed. Rio de Janeiro: Renovar, 1994. 2v.

NEVES, Maria de Fátima Rodrigues das. *Documentos sobre a escravidão no Brasil.* 2. ed. São Paulo: Contexto, 2001.

NOVAIS, Fernando A.; ALENCASTRO, Luis Felipe. (org.). *História da vida privada no Brasil:* império. São Paulo: Companhia das Letras, 2004.

ORGANIZAÇÃO INTERNACIONAL DO TRABALHO. *Alto al trabajo forzoso.* Informe global con arreglo al seguimiento de la declaración de la OIT relativa a los princípios y derechos fundamentales em el trabajo. Informe I (B), Conferência Internacional del Trabajo, 89ª reunión. Ginebra: [s.n.], 2001.

____________. *Una Alianza global contra el trabajo forzoso.* Informe global com arreglo al seguimiento de la declaración de la OIT relativa a los princípios y drechos fundamentales en el trabajo. Informe I (B), Conferência Internacional del Trabajo, 93ª reunión. Ginebra: [s.n.], 2005.

PASTORAL DO MIGRANTE. *Razões da migração (origem)* versus *razões da exploração e trabalho análogo à de escravo (destino).* Relatório elaborado em parceria com a Comissão Pastoral da Terra. [s.l.]: [s.n.], 2004.

PEDROSA, Ronaldo Leite. *Direito em história.* 4. ed. Nova Friburgo: Imagem Virtual, 2002.

PHILLIPS JR, Willian D. *La Esclavitud desde la epoca romana hasta los inicios del comercio transatlantico.* Madrid: Siglo XXI de España Editores, 1989.

PIRENNE, Henri. *História econômica e social da Idade Média.* São Paulo: Mestre Jou, 1982.

PREZIA, Benedito; HOOMAERT, Eduardo. *Brasil indígena:* 500 anos de resistência. São Paulo: FTD, 2000.

REVISTA OBSERVATÓRIO SOCIAL. Florianópolis, BANGRAF, n. 6, jun. 2004. ISSN 1678-152x.

ROLIM, Luiz Antonio. *Instituições de direito romano.* São Paulo: Revista dos Tribunais, 2000.

SACO, José Antonio. *Historia de la esclavitud.* Madrid: Ediciones Jucar, 1974.

SAKAMOTO, Leonardo. *Revista problemas brasileiros.* São Paulo: SESC, 2004.

______________. *Trabalho escravo:* guia para jornalistas: como se torna escravo. Disponível em <http://reporterbrasil.org.br>, acesso em 15 jun. 2005.

SANTOS, Roberto. *História econômica da Amazônia:* 1800–1920. São Paulo: T. A. Queiroz Editor, 1980.

SENTO-SÉ, Jairo Lins de Albuquerque. *Trabalho escravo no Brasil na atualidade.* São Paulo: LTr, 2000.

SÜSSEKIND, Arnaldo. *As Convenções da OIT.* São Paulo: LTr, 1997.

TRABALHO escravo no Brasil: o drama dos carvoeiros, a responsabilidade das siderúrgicas, a campanha para a erradicação. *Revista Observatório Social,* n. 06, p. 5, jun. 2004.

WEINSTEIN, Bárbara. *A Borracha na Amazônia:* expansão e decadência (1850-1920). São Paulo: HUCITEC, 1993.

WEISSBRODT, David. *La Abolición de la esclavitud y sus formas contemporáneas.* Oficina Del alto Comisionado de las Naciones Unidas para los Derechos Humanos. Nueva York y Ginebra: [s.n.], 2002.

WOLKMER, Antonio Carlos (org.). *Fundamentos de história de direito.* 2. ed. Belo Horizonte: Del Rey, 2003.

Anexos

Anexo A – Convenção Relativa à Escravatura

Aprovada pelo Decreto Legislativo n. 66, de 1965. Depósito do instrumento brasileiro de adesão junto à Organização das Nações Unidas e entrada em vigor, para o Brasil, a 6 de janeiro de 1966. Promulgadas pelo Decreto n. 58.563 de 1º de junho de 1966. Publicadas no "Diário Oficial" de 3 e 10 de junho de 1966.

MINISTÉRIO DAS RELAÇÕES EXTERIORES
Departamento de Assuntos Jurídicos

Divisão de Atos Internacionais

DECRETO N. 58.563 – DE 1º DE JUNHO DE 1966

Promulga a Convenção sobre Escravatura de 1926 emendada pelo Protocolo de 1953 e a Convenção Suplementar sobre a Abolição da Escravatura de 1956.

O Presidente da República,

Havendo o Congresso Nacional aprovado pelo "Decreto Legislativo n. 66, de 1965", a Convenção Sobre a Escravatura, assinada em Genebra, a 25 de setembro de 1926 e emendada pelo Protocolo aberto à assinatura na sede das Nações Unidas, em Nova York, a 7 de dezembro de 1953 e a Convenção Suplementar sobre a Abolição da Escravatura, do Tráfico de Escravos e das Instituições e Práticas Análogas à Escravatura, adotada em Genebra, a 7 de setembro de 1956.

E havendo as referidas Convenções entrado em vigor, para o Brasil, a 6 de janeiro de 1966, data em que foi depositado o instrumento brasileiro de adesão junto ao Secretário-Geral das Nações Unidas.

Decreta que as mesmas, apensas por cópia ao presente Decreto, sejam executadas e cumpridas tão inteiramente como nelas se contém.

Brasília, 1º de junho de 1966; 145º da Independência e 78º da República.

Anexo B – Convenção sobre a escravatura assinada em Genebra, em 25 de setembro de 1926, e emendada pelo Protocolo Aberto à assinatura ou à aceitação na sede da Organização das Nações Unidas, Nova York, em 7 de dezembro de 1953

Art. 1º

Para os fins da presente Convenção, fica entendido que:

§ 1. A escravidão é o estado ou condição de um indivíduo sobre o qual se exercem, total ou parcialmente, os atributos do direito de propriedade.

§ 2. O tráfico de escravos compreende todo ato de captura, aquisição ou cessão de um indivíduo com o propósito de escravizá-lo; todo ato de aquisição de um escravo com o propósito de vendê-lo ou trocá-lo; todo ato de cessão, por meio de venda ou troca, de um escravo adquirido para ser vendido ou trocado; assim como, em geral, todo ato de comércio ou de transporte de escravos.

Art. 2º

As Altas Partes contratantes se comprometem, na medida em que ainda não hajam tomado as necessárias providências, e cada uma no que diz respeito aos territórios colocados sob a sua soberania, jurisdição, proteção, suserania ou tutela:

a) A impedir e reprimir o tráfico de escravos.

b) A promover a abolição completa da escravidão sob todas as suas formas, progressivamente e logo que possível.

Art. 3º

As Altas Partes contratantes se comprometem a tomar todas as medidas necessárias para impedir e reprimir o embarque, o desembarque e o transporte de escravos nas suas águas territoriais, assim como, em geral, em todos os navios que arvorem os seus respectivos pavilhões. As Altas Partes contratantes se comprometem a negociar, logo que possível, uma Convenção Geral sobre o tráfico de escravos que lhes outorgue direitos e lhes imponha obrigações da mesma natureza dos que foram previstos na Convenção de 17 de junho de 1925 relativa ao Comércio Internacional de Armas ("Artigos 12, 20, 21, 22, 23, 24 e parágrafos 3, 4, 5 da seção II do anexo II") sob reserva das adaptações necessárias, ficando entendido que essa Convenção Geral não colocará os navios (mesmo de pequena tonelagem) de nenhuma das Altas Partes contratantes numa posição diferente da das outras Altas Partes contratantes. Fica igualmente entendido que, antes e depois da entrada em vigor da mencionada Convenção Geral, as Altas Partes contratantes conservam toda liberdade de realizar entre si, sem contudo derrogar os princípios estipulados no parágrafo precedente, entendimentos especiais que, em razão da sua situação peculiar, lhes pareçam convenientes para conseguir, com a maior brevidade possível, a abolição completa do tráfico de escravos.

Art. 4º

As Altas Partes contratantes prestarão assistência umas às outras para lograr a supressão da escravidão e do tráfico de escravos.

Art. 5º

As Altas Partes contratantes reconhecem que o recurso ao trabalho forçado ou obrigatório pode ter graves conseqüências e se comprometem, cada uma no que diz respeito aos territórios submetidos à sua soberania, jurisdição, proteção, suserania ou tutela, a tomar as medidas necessárias para evitar que o trabalho forçado ou obrigatório produza condições análogas à escravidão.

Fica entendido que:

§ 1. Sob reserva das disposições transitórias enunciadas no "§ 2." abaixo, o trabalho forçado ou obrigatório somente pode ser exigido para fins públicos.

§ 2. Nos territórios onde ainda existe o trabalho forçado ou obrigatório para fins que não sejam públicos, as Altas Partes contratantes se esforçarão por acabar com essa prática, progressivamente e com a maior rapidez possível, e, enquanto subsistir, o trabalho forçado ou obrigatório só será empregado a título excepcional, contra remuneração adequada e com a condição de não poder ser imposta a mudança do lugar habitual de residência.

§ 3. Em todos os casos, as autoridades centrais competentes do território interessado assumirão a responsabilidade do recurso ao trabalho forçado ou obrigatório.

Art. 6º

As Altas Partes contratantes, cuja legislação não seja desde já suficiente para reprimir as infrações às leis e regulamentos promulgados para aplicar a presente Convenção, se comprometem a tomar as medidas necessárias para que essas infrações sejam severamente punidas.

Art. 7º

As Altas Partes contratantes se comprometem a comunicar umas às outras e ao Secretário-Geral da Organização das Nações Unidas as leis e regulamentos que promulgarem para a aplicação das disposições da presente Convenção.

Art. 8º

As Altas Partes contratantes convêm em que todos os litígios, que possam surgir entre as mesmas quanto à interpretação ou à aplicação da presente Convenção, serão encaminhados à Corte Internacional de Justiça, se não puderem ser resolvidos por negociação direta. Se os Estados entre os quais surgir algum litígio, ou um deles, não forem Partes no Estatuto da Corte Internacional de Justiça, esse litígio será submetido, à vontade dos Estados interessados, quer à Corte Internacional de Justiça, quer a um tribunal de arbitragem constituído em conformidade com a "Convenção de 18 de outubro de 1907" para a solução pacífica dos conflitos internacionais, quer a qualquer outro tribunal de arbitragem.

Art 9º

Cada uma das Altas Partes contratantes pode declarar, quer no momento da sua assinatura, quer no momento da sua ratificação ou adesão, que, no que diz respeito à aplicação das disposições da presente Convenção ou de algumas delas, sua aceitação não vincula todos ou qualquer dos territórios que se acham sob a sua soberania, jurisdição, proteção, suserania ou tutela; e cada uma das Altas Partes contratantes poderá posteriormente aderir em separado, total ou parcialmente, em nome de qualquer deles.

Art. 10º

Se suceder que uma das Altas Partes contratantes queira denunciar a presente Convenção, a denúncia será notificada por escrito ao Secretário-Geral da Organização das Nações Unidas, que enviará imediatamente uma cópia autenticada da notificação a todas as outras Altas Partes contratantes, informando-as da data de recebimento. A denúncia somente produzirá efeito em relação ao Estado que a tenha notificado, e um ano depois de haver chegado a notificação ao Secretário-Geral da Organização das Nações Unidas. A denúncia poderá, outrossim, ser feita separadamente no que diz respeito a qualquer território que se ache sob a sua soberania, jurisdição, proteção, suserania ou tutela.

Art. 11

A presente Convenção, que será datada de hoje e cujos textos francês e inglês são igualmente autênticos, ficará aberta até 1º de abril de 1927 à assinatura dos Estados Membros da Sociedade das Nações.A presente Convenção será aberta à adesão de todos os Estados, inclusive os Estados não membros da Organização das Nações Unidas, aos quais o Secretário-Geral haja enviado uma cópia autenticada da Convenção. A adesão se efetuará pelo depósito de um instrumento na devida forma em poder do Secretário-Geral da Organização das Nações Unidas, que dará disso conhecimento a todos os Estados partes à Convenção e a todos os outros Estados contemplados no presente artigo, indicando-lhes a data em que cada um desses instrumentos de adesão foi depositado.

Art. 12

A presente Convenção será ratificada e os instrumentos de ratificação serão depositados no Escritório do Secretário-Geral da Organização das Nações Unidas, que o notificará às Altas Partes contratantes. Convenção produzirá seus efeitos, para cada Estado, a partir da data do depósito do instrumento de ratificação ou adesão.

Disponível em <http://www.direitoshumanos.usp.br/counter/Onu/Emprego_protecao/texto/texto_2.html>, acesso em: 17 jan. 2006.

Anexo C – Convenção suplementar sobre abolição da escravatura, do tráfico de escravos e das instituições e práticas análogas à escravatura (1956)

Aprovada pelo Decreto Legislativo n. 66, de 1965. Depósito do instrumento brasileiro de adesão junto à Organização das Nações Unidas e entrada em vigor, para o Brasil, a 6 de janeiro de 1966. Promulgadas pelo Decreto n. 58.563 de 1º de junho de 1966. Publicadas no "Diário Oficial" de 3 e 10 de junho de 1966.

MINISTÉRIO DAS RELAÇÕES EXTERIORES

Departamento de Assuntos Jurídicos

Divisão de Atos Internacionais

DECRETO N. 58.563 – DE 1º DE JUNHO DE 1966

Promulga a Convenção sobre Escravatura de 1926 emendada pelo Protocolo de 1953 e a Convenção Suplementar sobre a Abolição da Escravatura de 1956.

O Presidente da República,

Havendo o Congresso Nacional aprovado pelo "Decreto Legislativo n. 66, de 1965", a Convenção Sobre a Escravatura, assinada em Genebra, a 25 de setembro de 1926 e emendada pelo Protocolo aberto à assinatura na sede das Nações Unidas, em Nova York, a 7 de dezembro de 1953 e a Convenção Suplementar sobre a Abolição da Escravatura, do Tráfico de Escravos e das Instituições e Práticas Análogas à Escravatura, adotada em Genebra, a 7 de setembro de 1956.

E havendo as referidas Convenções entrado em vigor, para o Brasil, a 6 de janeiro de 1966, data em que foi depositado o instrumento brasileiro de adesão junto ao Secretário-Geral das Nações Unidas.

Decreta que as mesmas, apensas por cópia ao presente Decreto, sejam executadas e cumpridas tão inteiramente como nelas se contém.

Brasília, 1º de junho de 1966; 145º da Independência e 78º da República.

H. CASTELLO BRANCO

Juracy Magalhães

PREÂMBULO

Os Estados Membros, à presente Convenção,

Considerando que a liberdade é um direito que todo ser humano adquire ao nascer.

Conscientes de que os povos das Nações Unidas reafirmaram, na Carta, sua fé na dignidade e no valor da pessoa humana.

Considerando que a Declaração Universal dos Direitos do Homem, proclamada pela Assembléia Geral como o ideal comum a atingir por todos os povos e nações, dispõe que ninguém será submetido a escravidão ou servidão e que a escravidão e o tráfico de escravos estão proibidos sob todas as suas formas.

Reconhecendo que, desde a conclusão, em Genebra, em 25 de setembro de 1926, da Convenção sobre a escravatura que visava suprimir a escravidão e o tráfico de escravos, novos progressos foram realizados nesse sentido.

Levando em conta a Convenção de 1930 sobre o Trabalho Forçado e o que foi feito ulteriormente pela Organização Internacional do Trabalho em relação ao trabalho forçado ou obrigatório.

Verificando, contudo, que a escravidão, o tráfico de escravos e as instituições e práticas análogas à escravidão ainda não foram eliminados em todas as regiões do mundo.

Havendo decidido, em conseqüência, que a Convenção de 1926, a qual continua em vigor, deve agora ser ampliada por uma convenção suplementar destinada a intensificar os esforços, tanto nacionais como internacionais, que visam abolir a escravidão, o tráfico de escravos e as instituições e práticas análogas à escravidão.

Convieram no seguinte:

SEÇÃO I

INSTITUIÇÕES E PRÁTICAS ANÁLOGAS À ESCRAVIDÃO

Art. 1º

Cada um dos Estados Membros à presente Convenção tomará todas as medidas, legislativas e de outra natureza, que sejam viáveis e necessárias, para obter progressivamente e logo que possível a abolição completa ou o abandono das instituições e práticas seguintes, onde quer ainda subsistam, enquadrem-se ou não na definição de escravidão assinada em Genebra, em 25 de setembro de 1926:

§ 1. A servidão por dívidas, isto é, o estado ou a condição resultante do fato de que um devedor se haja comprometido a fornecer, em garantia de uma dívida, seus serviços pessoais ou os de alguém sobre o qual tenha autoridade, se o valor desses serviços não for eqüitativamente avaliado no ato da liquidação da dívida ou se a duração desses serviços não for limitada nem sua natureza definida.

§ 2. A servidão, isto é, a condição de qualquer um que seja obrigado pela lei, pelo costume ou por um acordo, a viver e trabalhar numa terra pertencente a outra pessoa e a fornecer a essa outra pessoa, contra remuneração ou gratuitamente, determinados serviços, sem poder mudar sua condição.

§ 3. Toda instituição ou prática em virtude da qual:

§ 4. Uma mulher é, sem que tenha o direito de recusa, prometida ou dada em casamento, mediante remuneração em dinheiro ou espécie entregue a seus pais, tutor, família ou a qualquer outra pessoa ou grupo de pessoas.

§ 5. O marido de uma mulher, a família ou clã deste têm o direito de cedê-la a um terceiro, a título oneroso ou não.

§ 6. A mulher pode, por morte do marido, ser transmitida por sucessão a outra pessoa.

§ 7. Toda instituição ou prática em virtude da qual uma criança ou um adolescente de menos de dezoito anos é entregue, quer por seus pais ou um deles, quer por seu tutor, a um terceiro, mediante remuneração ou sem ela, com o fim da exploração da pessoa ou do trabalho da referida criança ou adolescente.

Art. 2º

Com o propósito de acabar com as instituições e práticas visadas na "alínea c" do "artigo primeiro" da presente Convenção, os Estados Membros se comprometem a fixar, onde couber, idades mínimas adequadas para o casamento; a estimular adoção de um processo que permita a ambos os futuros cônjuges exprimir livremente o seu consentimento ao matrimônio, em presença de uma autoridade civil ou religiosa competente, e a fomentar o registro dos casamentos.

SEÇÃO II

TRÁFICO DE ESCRAVOS

Art. 3º

§ 1. O ato de transportar escravos de um país a outro, por qualquer meio de transporte, ou a cumplicidade nesse ato, constituirá infração penal segundo a lei dos Estados Membros à Convenção, e as pessoas reconhecidas culpadas de tal informação serão passíveis de penas muito rigorosas.

§ 2. Os Estados-membros tomarão todas as medidas necessárias para impedir que os navios e aeronaves autorizados a arvorar suas bandeiras transportem escravos e para punir as pessoas culpadas desse ato ou culpadas de utilizar o pavilhão nacional para tal fim.

§ 3. Os Estados-membros tomarão todas as medidas necessárias para que seus portos, seus aeródromos e suas costas não possam servir para o transporte de escravos.

§ 4. Os Estados-membros à Convenção trocarão informações a fim de assegurar a coordenação prática das medidas tomadas pelos mesmos na luta contra o tráfico de escravos e se comunicarão mutuamente em qualquer caso de tráfico de escravos e em qualquer tentativa de infração desse gênero de que tenham conhecimento.

Art. 4º

Todo escravo que se refugiar a bordo de um navio de Estado-membro à presente Convenção será livre *ipso facto*.

SEÇÃO III

ESCRAVIDÃO E INSTITUIÇÕES E PRÁTICAS ANÁLOGAS À ESCRAVIDÃO

Art. 5º

Em qualquer país em que a escravidão ou as instituições e práticas mencionadas no "artigo primeiro" da presente Convenção não estejam ainda completamente abolidas ou abandonadas, o ato de mutilar, de marcar com ferro em brasa ou por qualquer outro processo um escravo ou uma pessoa de condição servil — para indicar sua condição, para infligir um castigo ou por qualquer outra razão —, ou a cumplicidade em tais atos constituirá infração penal em face da lei dos Estados-membros à Convenção, e as pessoas reconhecidas culpadas serão passíveis de pena.

Art. 6º

§ 1. O ato de escravizar uma pessoa ou de incitá-la a alienar sua liberdade ou a de alguém na sua dependência, para escravizá-la, constituirá infração penal em face da lei dos Estados-membros à presente Convenção, e as pessoas reconhecidas culpadas serão passíveis de pena; dar-se-á o mesmo quando houver participação num entendimento formado com tal propósito, tentativa de cometer esses delitos ou cumplicidade neles.

§ 2. Sob reserva das disposições da alínea introdutória do artigo primeiro desta Convenção, as disposições do "parágrafo primeiro" do presente artigo se aplicarão igualmente ao fato de incitar alguém a submeter-se ou a submeter uma pessoa na sua dependência a uma condição servil resultante de alguma das instituições ou práticas mencionadas no artigo primeiro; assim também quando houver participação num entendimento formado com tal propósito, tentativa de cometer tais delitos ou cumplicidade neles.

SEÇÃO IV

DEFINIÇÕES

Art. 7º

Para os fins da presente Convenção:

§ 1. "Escravidão", tal como foi definida na Convenção sobre a Escravidão de 1926, é o estado ou a condição de um indivíduo sobre o qual se exercem todos ou parte dos poderes atribuídos ao direito de propriedade, e "escravo" é o indivíduo em tal estado ou condição.

§ 2. "Pessoa de condição servil" é a que se encontra no estado ou condição que resulta de alguma das instituições ou práticas mencionadas no artigo primeiro da presente Convenção.

§ 3. "Tráfico de escravos" significa e compreende todo ato de captura, aquisição ou cessão de uma pessoa com a intenção de escravizá-la; todo ato de aquisição de um escravo para vendê-lo ou trocá-lo; todo ato de cessão, por venda ou troca, de uma pessoa adquirida para ser vendida ou trocada, assim como, em geral, todo ato de comércio ou transporte de escravos, seja qual for o meio de transporte empregado.

SEÇÃO V

COOPERAÇÃO ENTRE OS ESTADOS PARTES E COMUNICAÇÃO DE INFORMAÇÕES

Art. 8º

§ 1. Os Estados-membros à Convenção se comprometem a prestar-se mútuo concurso e a cooperar com a Organização das Nações Unidas para a aplicação das disposições que precedem.

§ 2. Os Estados-membros se comprometem a enviar ao Secretário-Geral das Nações Unidas exemplares de toda lei, todo regulamento e toda decisão administrativa adotados ou postos em vigor para aplicar as disposições da presente Convenção.

§ 3. O Secretário-Geral comunicará as informações recebidas em virtude do "§ 2" do "presente artigo" às outras Partes e ao Conselho Econômico e Social, como elemento de documentação para qualquer debate que o Conselho venha a empreender com o propósito de formular novas recomendações para a abolição da escravidão, do tráfico de escravos ou das instituições e práticas que são objeto da Convenção.

SEÇÃO VI

CLÁUSULAS FINAIS

Art. 9º

Não será admitida nenhuma reserva à Convenção.

Art. 10

Qualquer litígio que surja entre os Estados-membros à Convenção quanto à sua interpretação ou aplicação, que não seja resolvido por meio de negociação, será submetido à Corte Internacional de Justiça a pedido de uma das Partes em litígio, a menos que estas convenham em resolvê-lo de outra forma.

Art. 11

§ 1. A presente Convenção ficará aberta, até 1º de julho de 1957, à assinatura de qualquer Estado-membro das Nações Unidas ou dos organismos especializados. Será submetida à ratificação dos Estados signatários e os instrumentos de ratificação serão depositados em poder do Secretário-Geral das Nações Unidas, que o comunicará a todos os Estados signatários ou aderentes.

§ 2. Depois de 1º de julho de 1957, a Convenção ficará aberta à adesão de qualquer Estado-membro das Nações Unidas ou dos organismos especializados, ou de qualquer outro Estado que a Assembléia Geral das Nações Unidas haja convidado a aderir. A adesão se efetuará pelo depósito de um instrumento na devida forma em poder do Secretário-Geral das Nações Unidas, que o comunicará a todos os Estados signatários e aderentes.

Art. 12

§ 1. A presente Convenção se aplicará a todos os territórios não autônomos, sob tutela, coloniais e outros territórios não metropolitanos representados por um Estado-membro no plano internacional; sob reserva das disposições do "§ 2" do "presente artigo", a parte interessada deverá, no momento da assinatura ou da ratificação da Convenção, ou ainda da adesão à Convenção, declarar o ou os territórios não metropolitanos aos quais a presente Convenção se aplicará *ipso facto* por farsa dessa assinatura, ratificação ou adesão.

§ 2. Quando for necessário o consentimento prévio de um território não metropolitano, em virtude das leis ou práticas constitucionais do Estado-membro ou do território não metropolitano, a Parte deverá esforçar-se por obter o consentimento do território não metropolitano, dentro do prazo de doze meses a partir da data da sua assinatura, e, uma vez obtido esse consentimento, a Parte deverá notificá-lo ao Secretário-Geral. A partir da data do recebimento dessa notificação por parte do Secretário-Geral, a Convenção se aplicará ao território ou territórios mencionados na referida notificação.

§ 3. Terminado o prazo de doze meses mencionado no parágrafo precedente, as Partes interessadas informarão o Secretário-Geral dos resultados das consultas com os territórios não metropolitanos cujas relações internacionais lhes incumbam e que não hajam dado o seu consentimento para a aplicação da presente Convenção.

Art. 13

§ 1. A Convenção entrará em vigor na data em que dois Estados sejam Partes à mesma.

§ 2. Entrará depois em vigor, no tocante a cada Estado e território, na data do depósito do instrumento de ratificação ou de adesão do Estado interessado ou da notificação da sua aplicação a esse território.

Art. 14

§ 1. A aplicação da presente Convenção será dividida em períodos sucessivos de três anos, o primeiro dos quais começará a contar-se a partir da data da entrada em vigor da Convenção segundo o disposto no "§ 1" do "art. 13".

§ 2. Qualquer Estado-membro poderá denunciar a presente Convenção, dirigindo, no mínimo seis meses antes da expiração do período trienal em curso, uma notificação ao Secretário-Geral. Este comunicará essa notificação e a data do seu recebimento a todas as outras Partes.

§ 3. As denúncias surtirão efeito ao expirar o período trienal em curso.

§ 4. Nos casos em que, de conformidade com o disposto no "art. 12", a presente Convenção se haja tornado aplicável a um território não metropolitano de uma das Partes, esta poderá, com o consentimento do território de que se trate, notificar, desde então a qualquer momento, ao Secretário-Geral das Nações Unidas, que a Convenção é denunciada em relação a esse território. A denúncia surtirá efeito um ano depois da data do recebimento da notificação pelo Secretário-Geral, que comunicará a todos os outros Estados-membros essa notificação e a data em que a tenha recebido.

Art. 15

A presente Convenção, cujos textos inglês, chinês, espanhol, francês e russo são igualmente autênticos, será depositada no arquivo da Secretaria das

Nações Unidas. O Secretário-Geral fornecerá cópias certificadas autênticas da Convenção para que sejam enviadas aos Estados-membros, assim como a todos os outros Estados Membros das Nações Unidas e organismos especializados.

Em fé do que os abaixo assinados, devidamente autorizados por seus respectivos Governos, assinaram a presente Convenção nas datas que figuram ao lado das suas respectivas assinaturas.

Feito no Escritório Europeu das Nações Unidas, em Genebra, em sete de setembro de mil novecentos e cinqüenta e seis.

Disponível em <http://www.direitoshumanos.usp.br/counter/Onu/Emprego_protecao/texto/texto_3.html>, acesso em 17 jan. 2006.

Anexo D – Convenção sobre o trabalho forçado ou obrigatório

Convenção n. 29, adotada em 28 de junho de 1930, pela Conferência Geral, da Organização Internacional do Trabalho, na sua 14ª reunião. Entrada em vigor em 1º de maio de 1932, em conformidade com o art. 28.

A Conferência Geral da Organização Internacional do Trabalho, Convocada em Genebra, pelo Conselho de Administração do Escritório Internacional do Trabalho, e reunida nessa cidade, em 10 de junho de 1930, em sua décima quarta reunião;

Depois de haver decidido adotar diversas proposições relativas ao trabalho forçado ou obrigatório, questão que incluída no primeiro ponto da ordem do dia da reunião,

Depois de haver decidido que tais proposições tomam a forma de uma convenção internacional.

Adota, na data de vinte e oito de junho de mil novecentos e trinta, a seguinte Convenção, que poderá ser citada como Convenção sobre o trabalho forçado — 1930, e que será submetida à ratificação dos Membros da Organização Internacional do Trabalho, de acordo com as disposições da Constituição da Organização Internacional do Trabalho:

Art. 1º

§ 1. Todo Membro da Organização Internacional do Trabalho que ratifique a presente Convenção, se obriga a suprimir, o mais rápido possível, o emprego do trabalho forçado ou obrigatório, em todas as suas formas;

§ 2. Com vistas a esta supressão total, o trabalho forçado ou obrigatório poderá empregar-se, durante o período transitório, unicamente para fins públicos e a título excepcional, nas condições e com as garantias estipuladas nos artigos seguintes;

§ 3. Expirado o prazo de cinco anos, a partir da entrada em vigor da presente Convenção, e enquanto o Conselho de Administração do Escritório Internacional do Trabalho prepara o informe a que se refere o art. 31, esse Conselho examinará a possibilidade de suprimir sem novo adiamento o trabalho forçado ou obrigatório em todas suas formas e decidirá sobre a conveniência de inscrever esta questão na ordem do dia da Conferência.

Art. 2º

§ 1. Em conseqüência da presente Convenção, a expressão "trabalho forçado ou obrigatório" designa todo trabalho ou serviço exigido a um indivíduo, sob a ameaça de uma pena qualquer, e para o qual esse indivíduo não se oferece voluntariamente;

§ 2. No entanto, em conseqüência da presente Convenção, a expressão "trabalho forçado ou obrigatório" não compreende:

a) Todo trabalho ou serviço que se exija em virtude das leis sobre o serviço militar obrigatório e que tenha um caráter puramente militar;

b) Todo trabalho ou serviço que faça parte das obrigações cívicas normais dos cidadãos de um país que se governe plenamente por si mesmo;

c) Todo trabalho ou serviço que se exija de um indivíduo em virtude de uma condenação pronunciada por sentença judicial, na condição de que este trabalho ou serviço se realize sob a vigilância e controle das autoridades públicas e que o dito indivíduo não seja cedido ou posto à disposição de particulares, companhias ou pessoas jurídicas de caráter privado;

d) Todo trabalho ou serviço que se exija em casos de força maior, como guerra, sinistros ou ameaça de sinistros, tais como incêndios, inundações, fome, tremores de terra, epidemias violentas, invasões de animais, de insetos ou de pragas vegetais, e em geral, em todas as circunstâncias que ponham em perigo ou ameacem pôr em perigo a vida ou as condições normais da existência de toda ou parte da população;

e) Os pequenos trabalhos comunais, ou seja, os trabalhos realizados pelos membros de uma comunidade em benefício direto da mesma, trabalhos que, conseqüentemente, podem considerar-se como obrigações cívicas normais dos membros da comunidade, com a condição de que a mesma população ou seus representantes diretos tenham o direito de pronunciar-se sobre a necessidade destes trabalhos.

Art. 3º

Como conseqüência da presente Convenção, a expressão "autoridades competentes" designa as autoridades metropolitanas, ou as autoridades centrais superiores do território interessado.

Art. 4º

§ 1. As autoridades competentes não deverão se impor ou deixar que se imponha o trabalho forçado ou obrigatório em proveito de particulares, de companhias ou de pessoas jurídicas de caráter privado.

§ 2. Se existir tal forma de trabalho forçado ou obrigatório em proveito de particulares, de companhias ou de pessoas jurídicas de caráter privado, na data em que o Diretor Geral do Escritório Internacional do Trabalho haja registrado a ratificação deste Convênio por um Estado-membro, este deverá suprimir completamente tal trabalho forçado ou obrigatório, a partir da data em que para ele entrar em vigor a presente Convenção.

Art. 5º

§ 1. Nenhuma concessão a particulares, companhias ou pessoas jurídicas privadas deverá implicar a imposição de qualquer forma de trabalho forçado ou obrigatório cujo objeto seja a produção ou coleta de produtos que utilizem esses particulares, companhias ou pessoas jurídicas privadas, ou com os quais comercializem.

§ 2. Se as concessões existentes contêm disposições que impliquem a imposição de semelhante trabalho forçado ou obrigatório, essas disposições deverão permanecer sem efeito, o mais rapidamente possível, a fim de satisfazer as prescrições do art. 1 da presente Convenção.

Art. 6º

Os funcionários públicos, inclusive quando devem estimular as populações sob seu cargo, que se dediquem a uma forma qualquer de trabalho, não deverão exercer sobre elas pressão coletiva ou individual, com o fim de fazê-las trabalhar para particulares, companhias ou pessoas jurídicas privadas.

Art. 7º

§ 1. Os chefes que não exerçam funções administrativas não poderão recorrer ao trabalho forçado ou obrigatório.

§ 2. Os chefes que exerçam funções administrativas poderão recorrer ao trabalho forçado ou obrigatório, com a expressa autorização das autoridades competentes, nas condições previstas pelo artigo 10, da presente Convenção.

§ 3. Os chefes legalmente reconhecidos que não recebam uma remuneração adequada de qualquer forma, poderão desfrutar de serviços pessoais devidamente regulamentados, sempre que se tomem todas as medidas necessárias para evitar abusos.

Art. 8º

§ 1. A responsabilidade por toda decisão de recorrer ao trabalho forçado ou obrigatório será das autoridades civis superiores do território interessado.

§ 2. No entanto, estas autoridades poderão delegar às autoridades locais superiores, a faculdade de impor trabalho forçado ou obrigatório, quando este trabalho não implique no afastamento dos trabalhadores de sua residência habitual. Tais autoridades poderão igualmente delegar às autoridades locais superiores, nos períodos e nas condições que se estipulem na regulamentação prevista no artigo 23 da presente Convenção, a faculdade de impor um trabalho forçado ou obrigatório para cuja execução os trabalhadores devam afastar-se de sua residência habitual, quando se trata de facilitar a transferência de funcionários da administração em exercício de suas funções e o transporte de material da administração.

Art. 9º

Salvo as disposições contrárias estipuladas no artigo 10, da presente Convenção, toda a autoridade facultada para impor um trabalho forçado ou obrigatório não deverá permitir que se recorra a esta forma de trabalho sem constatar-se previamente que:

a) O serviço ou trabalho a realizar-se apresenta um grande interesse direto para a comunidade chamada a realizá-lo;
b) O serviço ou trabalho é eminentemente necessário;
c) Seria impossível conseguir mão-de-obra voluntária para execução desse serviço ou trabalho, apesar da oferta de salários e condições de trabalho iguais, pelo menos, as que prevalecem no território interessado, para trabalhos ou serviços análogos;
d) Tal trabalho ou serviço não imporá uma carga demasiado pesada à população, tendo em conta a mão-de-obra disponível e sua aptidão para empreender o trabalho em questão.

Art. 10º

§ 1. O trabalho forçado ou obrigatório exigido a título de imposto, e o trabalho forçado ou obrigatório a que recorrem os chefes que exercem funções administrativas para a realização de trabalhos de utilidade pública, deverão ser suprimidos progressivamente.

§ 2. Na espera desta abolição, em caso de trabalho forçado ou obrigatório exigido a título de imposto, ou de trabalho forçado e obrigatório imposto por chefes que exerçam funções administrativas para a execução de trabalhos de utilidade pública, as autoridades interessadas deverão certificar-se previamente de que:

a) O serviço ou trabalho a realizar-se apresenta um grande interesse direto para a comunidade convocada a realizá-lo;
b) O serviço ou trabalho é eminentemente necessário;

c) Tal trabalho ou serviço não imporá uma carga demasiado pesada à população, tendo em conta a mão-de-obra disponível e sua aptidão para realizar o trabalho em questão;

d) A execução deste trabalho ou serviço não obrigará os trabalhadores a afastar-se do lugar de sua residência habitual;

e) A execução deste trabalho ou serviço estará dirigida de acordo com as exigências da religião, da vida social e da agricultura.

Art. 11

§ 1. Só poderão estar sujeitos ao trabalho forçado ou obrigatório os adultos aptos do sexo masculino, cuja idade não seja inferior a dezoito anos, nem superior a quarenta e cinco. Salvo para as categorias de trabalho presentes no artigo 10 da presente Convenção, deverão observar as limitações e condições seguintes:

a) Reconhecimento prévio, sempre que seja possível, por um médico designado pela administração, para comprovar a ausência de toda a enfermidade contagiosa e a aptidão física dos interessados para suportar o trabalho imposto e as condições em que haverá de realizar-se;

b) Isenção de pessoal escolar, alunos e professores, assim como o pessoal administrativo em geral;

c) Manutenção, em cada comunidade, do número de homens adultos e aptos indispensáveis para a vida familiar e social;

d) Respeito aos vínculos conjugais e familiares.

§ 2. Em conseqüência do item e do § 1º, deste artigo, a regulamentação prevista no art. 23 da presente Convenção fixará a proporção de indivíduos da população permanente masculina e apta que poderá ser objeto de um recrutamento determinado, sem que esta proporção possa, em nenhum caso, exceder a 25 por cento dessa população. Ao fixar esta proporção, as autoridades competentes deverão ter em conta a densidade da população, o desenvolvimento social e físico da mesma; a época do ano e o estado dos trabalhos que vão efetuar os interessados em sua localidade por sua própria conta. De maneira geral, as autoridades deverão respeitar as necessidades econômicas e sociais da vida normal da comunidade interessada.

Art. 12

§ 1. O período máximo durante o qual um indivíduo qualquer poderá estar sujeito ao trabalho forçado ou obrigatório, em suas diversas formas, não deverá exceder de sessenta dias em cada período de doze meses, devendo incluir-se nestes sessenta dias as viagens necessárias para ir ao lugar do trabalho e para regressar.

§ 2. Todo trabalhador sujeito ao trabalho forçado ou obrigatório deverá possuir um certificado que indique os períodos de trabalho forçado ou obrigatório que tenha efetuado.

Art. 13

§ 1. As horas normais de trabalho de toda pessoa sujeita ao trabalho forçado ou obrigatório deverão ser as mesmas que as que prevalecem no trabalho livre, e as horas de trabalho que excedem da jornada normal deverão ser remuneradas com acerto das mesmas taxas aplicadas às horas extras dos trabalhadores livres.

§ 2. Deverá ser concedido um dia de repouso semanal a todas as pessoas sujeitas a qualquer forma de trabalho forçado ou obrigatório, devendo coincidir este dia, sempre que possível, com o dia consagrado pela tradição ou os costumes do país ou da região.

Art. 14

§ 1. Com exceção do trabalho previsto no artigo 10, da presente Convenção, o trabalho forçado ou obrigatório, em todas as suas formas, deverá ser remunerado em moeda, e com os mesmos níveis de remuneração que, para o mesmo gênero de trabalho, são vigentes na região de onde foram recrutados.

§ 2. Quando se trata de um trabalho imposto por chefes, em exercício de suas funções administrativas, deverá introduzir-se, o quanto antes, o pagamento dos salários de acordo com as taxas indicadas no parágrafo anterior.

§ 3. Os salários deverão ser pagos aos próprios trabalhadores e não ao seu chefe de tribo ou outra autoridade.

§ 4. Os dias de viagem para ir ao lugar de trabalho e regressar, deverão contar-se como dias de trabalho para o pagamento dos salários.

§ 5. O presente artigo não impedirá que se proporcione aos trabalhadores, como parte do salário, as rações de alimentos acostumadas, e estas rações deverão ser pelo menos, de um valor equivalente à soma de dinheiro que podem representar; não se fará nenhum desconto de salário para o pagamento de impostos, nem por alimentos, roupa s e alojamentos especiais proporcionados aos trabalhadores para mantê-los em condições para continuar seu trabalho, tendo em conta as condições especiais de emprego, ou pelo fornecimento de ferramentas.

Art. 15

§ 1. Toda legislação referente à indenização dos acidentes de trabalho e toda legislação que preveja uma indenização para as pessoas a cargo de trabalhadores falecidos ou inválidos, que esteja ou vá entrar em vigor no território interessado, deverão aplicar-se às pessoas sujeitas ao trabalho forçado ou obrigatório nas mesmas condições que aos trabalhadores livres.

§ 2. Em todo caso, qualquer autoridade competente que recorra ao trabalho forçado ou obrigatório deverá estar obrigada a assegurar a subsistência de tais trabalhadores, quando, em conseqüência de um acidente ou de uma enfermidade que resulte de seu trabalho, se encontre total ou parcialmente incapacitado para suprir as suas necessidades. Esta autoridade também deverá estar obrigada a tomar as medidas necessárias para assegurar a subsistência de qualquer pessoa a cargo do trabalhador, em caso de incapacidade ou de falecimento resultante do trabalho.

Art. 16

§ 1. As pessoas sujeitas ao trabalho forçado ou obrigatório não deverão ser transferidas, salvo em caso de necessidade excepcional, para regiões onde as condições climáticas e alimentícias sejam tão diferentes daquelas a que se estão acostumados que constitua um perigo para sua saúde.

§ 2. Em nenhum caso, se autorizará essa transferência de trabalhadores, sem que se tenham aplicado todas as medidas de higiene e de alojamento necessárias para sua instalação e para proteger sua saúde.

§ 3. Quando não se possa evitar tal transferência, se tomarão medidas para garantir a adaptação progressiva dos trabalhadores às novas condições climáticas e alimentícias, com o prévio informe do serviço médico competente.

§ 4. Quando estes trabalhadores devam executar um trabalho regular que não estão acostumados, deverão ser tomadas medidas necessárias para conseguir sua adaptação a este gênero de trabalho, especialmente no que se refere ao treinamento progressivo, às horas de trabalho, aos intervalos de descanso e ao melhoramento ou aumento das rações alimentícias que possam ser necessárias.

Art. 17

Antes de autorizar o recurso ao trabalho forçado ou obrigatório em trabalhos de construção ou de conservação que obriguem aos trabalhadores a viver nos lugares de trabalho durante um período prolongado, as autoridades competentes deverão certificar-se de que:

§ 1. Tenha-se tomado todas as medidas necessárias para assegurar a higiene dos trabalhadores e garantir-lhes assistência médica indispensável, e, em particular:

a) que tais trabalhadores serão submetidos a um exame médico antes de começar os trabalhos, e a novos exames, a intervalos determinados, enquanto dure seu emprego;

b) que se disponha de pessoal médico suficiente e dos ambulatórios, enfermarias, ambulâncias e hospitais necessários para fazer frente a todas as necessidades,

c) que as condições sanitárias dos lugares de trabalho, o fornecimento de água potável, de víveres, de combustível e de utensílios de cozinha e, quando necessário, das condições de moradia e vestimentas são satisfatórias;

§ 2. Tenha-se tomado as medidas necessárias para garantir a subsistência da família do trabalhador, especialmente facilitando o envio à mesma de uma parte do salário por meio de procedimento seguro e com o conhecimento ou a vontade do trabalhador;

§ 3. As viagens de ida dos trabalhadores ao lugar de trabalho e as de regresso estarão garantidas pela administração, sob sua responsabilidade e a suas despesas e que a administração facilitará estas viagens utilizando ao máximo todos os meios de transporte disponíveis;

§ 4. Em caso de enfermidade ou de acidente que cause uma capacidade de trabalho de certa duração, a repatriação dos trabalhadores estará a cargo da administração;

§ 5. Todo trabalhador que deseje permanecer como trabalhador livre quando da expiração de seu período de trabalho forçado ou obrigatório terá a autorização de fazê-lo, sem perder seus direitos à repatriação gratuita, durante um período de dois anos.

Art. 18

§ 1. O trabalho forçado ou obrigatório para o transporte de pessoas ou de mercadorias, por exemplo, o dos carregadores e o dos barqueiros, deverá ser suprimido o quanto antes, e até que se suprima, as autoridades competentes deverão ditar regulamentos que determinem especialmente: a) a obrigação de não utilizar este trabalho senão para facilitar o transporte de funcionários da administração em exercício de suas funções, o transporte de material da administração ou, em caso de absoluta necessidade, para o transporte de outras pessoas que não sejam funcionários; b) a obrigação de empregar em tais transportes apenas os homens reconhecidos fisicamente aptos para este trabalho, depois de passar por um exame médico, sempre que tal exame seja possível, e em caso de que não seja, a pessoa que contrate esta mão-de-obra deverá garantir, sob sua própria responsabilidade, que os trabalhadores empregados tenham a aptidão física requerida e que não padeçam de nenhuma moléstia contagiosa; c) a carga máxima que os trabalhadores poderão levar; d) a distância máxima do lugar onde trabalham, ao local de sua residência; e) o número máximo de dias ao mês, ou em qualquer outro período, em que poderá exigir-se dos trabalhadores esse trabalho, compreendendo neste número os dias de viagem de volta; f) as pessoas que estarão autorizadas a exigir esta forma de trabalho forçado ou obrigatório, e até que ponto estarão autorizadas a exigi-lo.

§ 2. Ao fixar ao máximo a que se referem os incisos c, d e e do parágrafo precedente, as autoridades competentes deverão ter em conta todos os elementos pertinentes, especialmente o da aptidão física da população que será recrutada, a natureza do itinerário que tem que percorrer e as condições climáticas.

§ 3. As autoridades competentes também deverão tomar disposições para que o trajeto diário normal dos carregadores não exceda uma distância que corresponda à duração média de uma jornada de trabalho de oito horas, entendendo-se que, para determiná-la, deverá ter-se em conta, não somente a carga que tem que levar e a percorrer, senão também o estado do caminho, a época do ano e todos os demais fatores de importância; se for necessário impor aos carregadores algumas horas-extras de caminhada, deverão ser remuneradas com acerto a taxas mais elevadas que as normais.

Art. 19

§ 1. As autoridades competentes deverão somente autorizar o recurso a cultivos obrigatórios como um método para prevenir a fome ou a falta de produtos alimentícios, e sempre com a condição de que, os alimentos ou os produtos assim obtidos, se convertam em propriedade dos indivíduos ou da coletividade que os tenha produzido.

§ 2. O presente artigo não deverá ter por efeito a supressão da obrigação dos membros da comunidade de executar o trabalho imposto pela lei ou o costume, quando a produção se encontra organizada, segundo a lei e o costume, sobre uma base comunal, e quando os produtos ou os benefícios resultantes da venda destes produtos sejam propriedade da coletividade.

Art. 20

As legislações que prevejam uma repressão coletiva aplicável a toda uma comunidade por delitos cometidos por qualquer de seus membros não deverão estabelecer, como método repressivo, o trabalho forçado ou obrigatório para uma comunidade.

Art. 21

Não se recorrerá ao trabalho forçado ou obrigatório para os trabalhos subterrâneos, que se realizam nas minas.

Art. 22

As atas anuais que os Estados-membros que ratifiquem a presente Convenção haverão de apresentar ao Escritório Internacional do Trabalho, em virtude do artigo 22 da Constituição da Organização Internacional do Trabalho, sobre as medidas que tenham tomado para dar efeito às disposições da presente Convenção, conterão uma informação mais completa possível, sobre cada território interessado, referente à amplitude com a qual se tenha utilizado o trabalho forçado ou obrigatório neste território, e aos pontos seguintes: fins para os que efetuaram este trabalho; porcentagem de doenças e mortalidade; horas de trabalho; métodos para o pagamento de salários, taxas dos salários, e qualquer outro dado de interesse.

Art. 23

§ 1. As autoridades competentes deverão ditar uma regulamentação completa e precisa sobre o emprego do trabalho forçado ou obrigatório para fazer efetivas as disposições da presente Convenção.

§ 2. Esta regulamentação deverá conter, especialmente, regras que permitam a cada pessoa sujeita ao trabalho forçado ou obrigatório apresentar às autoridades, todas as reclamações relativas às condições de trabalho e que garantam que estas reclamações serão examinadas e levadas em consideração.

Art. 24

Deverão ser tomadas medidas adequadas em todos os casos, para garantir a estrita aplicação dos regulamentos relativos ao emprego do trabalho forçado ou obrigatório, seja mediante a extensão ao trabalho forçado ou obrigatório das funções de qualquer organismo de inspeção criado para a vigilância do trabalho livre, seja mediante qualquer outro sistema conveniente. Também deverão ser tomadas medidas para que as pessoas sujeitas ao trabalho forçado conheçam o conteúdo dos regulamentos.

Art. 25

O fato de exigir ilegalmente trabalho forçado ou obrigatório será objeto de sanções penais, e todo Estado-Membro que ratifique o presente Convênio terá a obrigação de certificar-se e que as sanções impostas pela lei são realmente eficazes e se aplicam rigorosamente.

Art. 26

§ 1. Todo Estado-Membro da Organização Internacional do Trabalho que ratifique a presente Convenção se obriga a aplicá-lo nos territórios sujeitos a sua soberania, jurisdição, proteção, tutela ou autoridade sempre que tenha direito a aceitar obrigações que se referem a questões de jurisdição interior. No entanto, se este Estado-Membro quer acolher às disposições do art. 35 da Constituição da Organização Internacional do Trabalho, deverá acompanhar sua ratificação de uma declaração na qual indique:

a) Os territórios a respeito dos quais se pretende aplicar as disposições da presente Convenção sem modificações;

b) Os territórios a respeito dos quais se pretende aplicar as disposições da presente Convenção, com modificações, junto aos detalhes de tais modificações.

c) Os territórios a respeito dos quais se reserva sua decisão.

§ 2. A declaração antes mencionada se considerará como parte integrante da ratificação e produzirá os mesmos efeitos. Todo Estado-Membro que formule uma declaração similar poderá renunciar, total ou parcialmente, por meio de uma nova declaração, às reservas formuladas em virtude dos tópicos b e c do § 1 deste artigo.

Art. 27

As ratificações formais do presente Convênio de acordo com as condições estabelecidas pela Constituição da Organização Internacional do Trabalho serão comunicadas, para seu registro, ao Diretor Geral no Escritório Internacional do Trabalho.

Art. 28

§ 1. Este Convênio obrigará inicialmente àqueles Estados-membros cujas ratificações tenham sido registradas no Escritório Internacional do Trabalho.

§ 2. Entrará em vigor doze meses depois da data nas quais as ratificações de dois membros da Organização Internacional do Trabalho tenham sido registradas pelo Diretor Geral.

§ 3. A partir desse momento, este Convênio entrará em vigor para cada Membro, doze meses depois da data que tenha sido registrada sua ratificação.

Art. 29

Tão logo se tenha registrado no Escritório Internacional do Trabalho as ratificações de dois Estados-membros, da Organização Internacional do Trabalho, o Diretor Geral do Escritório notificará o feito a todos os demais Estados-membros da Organização Internacional do Trabalho. Igualmente, lhes notificará o registro das ratificações que os demais Estados-membros da organização lhe comuniquem posteriormente.

Art. 30

§ 1. Todo Estado-membro que tenha ratificado esta Convenção poderá denunciá-la, dentro de um período de dez anos, a partir da data em que se tenha posto inicialmente em vigor, mediante uma ata comunicada, para seu registro, ao Diretor Geral, do Escritório Internacional do Trabalho. A denúncia não surtirá efeito até um ano depois da data em que se tenha registrado no Escritório Internacional do Trabalho.

§ 2. Todo Estado-membro que tenha ratificado esta Convenção e que, no prazo de um ano depois da expiração do período de dez anos mencionado no parágrafo precedente, não faça uso do direito de denúncia previsto neste artigo ficará obrigado por mais um novo período de cinco anos. Assim, sucessivamente, poderá denunciar esta Convenção no final de cada período de cinco anos, nas condições previstas neste artigo.

Art. 31

No final de cada período de cinco anos, a partir da data em que esta Convenção entrar em vigor, o Conselho de Administração do Escritório Internacional do Trabalho deverá apresentar à Assembléia Geral um estudo sobre a aplicação desta Convenção e deverá considerar a conveniência de incluir na ordem do dia da Conferência a questão da revisão total ou parcial do mesmo.

Art. 32

§ 1. No caso da Conferência adotar uma nova Convenção que implique numa revisão total ou parcial da presente, a ratificação por um Estado-membro da nova convenção revisada implicará, *ipso jure*, na denúncia desta Convenção, sem nenhuma demora, não obstante as disposições contidas no artigo 30, sempre que a nova convenção revisada tenha entrado em vigor.

§ 2. A partir da data em que entre em vigor, a nova convenção revisada, a presente Convenção deixará de estar aberta à ratificação pelos Membros.

§ 3. No entanto, esta Convenção continuará em vigor, em sua forma e conteúdo atuais, para os Estados-membros que a tenham ratificado e não ratifiquem a convenção revisada.

Anexo E – Lei N. 10.803, de 11 de dezembro de 2003

Altera o art. 149 do Decreto-Lei n. 2.848, de 7 de dezembro de 1940 — Código Penal, para estabelecer penas ao crime nele tipificado e indicar as hipóteses em que se configura condição análoga à de escravo.

O PRESIDENTE DA REPÚBLICA Faço saber que o Congresso Nacional decreta e eu sanciono a seguinte Lei:

Art. 1º O art. 149 do Decreto-Lei n. 2.848, de 7 de dezembro de 1940, passa a vigorar com a seguinte redação:

"Art. 149. Reduzir alguém a condição análoga à de escravo, quer submetendo-o a trabalhos forçados ou a jornada exaustiva, quer sujeitando-o a condições degradantes de trabalho, quer restringindo, por qualquer meio, sua locomoção em razão de dívida contraída com o empregador ou preposto:

Pena – reclusão, de dois a oito anos, e multa, além da pena correspondente à violência.

§ 1º Nas mesmas penas incorre quem:

I – cerceia o uso de qualquer meio de transporte por parte do trabalhador, com o fim de retê-lo no local de trabalho;

II – mantém vigilância ostensiva no local de trabalho ou se apodera de documentos ou objetos pessoais do trabalhador, com o fim de retê-lo no local de trabalho.

§ 2º A pena é aumentada de metade, se o crime é cometido:

I – contra criança ou adolescente;

II – por motivo de preconceito de raça, cor, etnia, religião ou origem." (NR)

Art. 2º Esta Lei entra em vigor na data de sua publicação.

Brasília, 11 de dezembro de 2003; 182º da Independência e 115º da República.

LUIZ INÁCIO LULA DA SILVA
Márcio Thomaz Bastos